Mehr Fragen als Antworten?

KIRCHE IM AUFBRUCH
Reformprozess der EKD

Herausgegeben vom Kirchenamt der EKD
Band 16

Mehr Fragen als Antworten?

Die V. Kirchenmitgliedschafts-
untersuchung und ihre Folgen
für das Leitungshandeln in der Kirche

Im Auftrag der
Führungsakademie für Kirche und Diakonie

herausgegeben von
Peter Burkowski und Lars Charbonnier

EVANGELISCHE VERLAGSANSTALT
Leipzig

Bibliographische Information der Deutschen Nationalbibliothek
Die Deutsche Nationalbibliothek verzeichnet diese Publikation in der
Deutschen Nationalbibliographie; detaillierte bibliographische Daten
sind im Internet über ‹http://dnb.dnb.de› abrufbar.

© 2015 by Evangelische Verlagsanstalt GmbH · Leipzig
Printed in Germany · H 7921

Das Buch wurde auf alterungsbeständigem Papier gedruckt.

Gesamtgestaltung: Kai-Michael Gustmann, Leipzig
Coverbild: © aaabbc - Fotolia.com
Druck und Binden: Druckhaus Köthen GmbH & Co. KG

ISBN 978-3-374-04031-5
www.eva-leipzig.de

Vorwort

„Mehr Fragen als Antworten?" Unter diesem Titel haben die Führungsakademie für Kirche und Diakonie und die Evangelische Akademie zu Berlin im Frühjahr 2014 gemeinsam zu einer Tagung nach Berlin eingeladen. Ganz frisch waren die ersten Ergebnisse der fünften Kirchenmitgliedschaftsuntersuchung erschienen, und die Debatten darüber, welche Konsequenzen aus diesen zu ziehen seien, wogten in großer Intensität auf. Über 90 Teilnehmende folgten der Einladung am 25. Juni 2014 in die Räume des Evangelischen Zentrums in Berlin und erlebten an diesem Tag anregende Vorträge, Impulse und Gespräche, die insbesondere nach den Konsequenzen für das Leitungshandeln der Kirche fragten.

Wir freuen uns sehr, diese Vorträge und Impulse sowie weitere Wahrnehmungen und Reflexionen dazu mit diesem Band der breiteren Öffentlichkeit zur Verfügung zu stellen.[1] Allen Beitragenden danken wir ganz herzlich für die Bereitstellung ihrer Texte! Unser Dank gilt ebenso der Evangelischen Verlagsanstalt in Leipzig, namentlich Dr. Annette Weidhas in der Verlagsleitung und Sophie Koenig für die umsichtige Begleitung als Lektorin.

---

[1]   Die Vorträge selbst wurden bereits zeitnah publiziert in: Mehr Fragen als Antworten – Konsequenzen aus der neuen Kirchenmitgliedschaftsstudie für das Leitungshandeln in der Kirche (epd-Dokumentation Nr. 36), Frankfurt a. M. 2014. Wir danken dem epd herzlich für die freundliche Erlaubnis, die für diesen Band zum Teil leicht überarbeiteten Beiträge wieder aufnehmen zu dürfen!

Die Führungsakademie für Kirche und Diakonie ist eines der vier Reformzentren der EKD. Sie unterliegt als Organisation selbst gerade großen Veränderungsprozessen. Deshalb freuen wir uns sehr, dass es uns gelungen ist, mit diesem Band zum ersten Mal die Früchte unserer Arbeit in der Reihe „Kirche im Aufbruch" im Zusammenhang des Reformprozesses der EKD zu veröffentlichen. Dass Sie als unsere Leserinnen und Leser diese Früchte mit Genuss lesen und manche Impulse weitertragen, wünschen wir uns und Ihnen!

Peter Burkowski und Lars Charbonnier
Berlin, Frühjahr 2015

Inhalt

Kirche reformieren – aber wohin?

Wahrnehmungen und Hintergründe

Peter Burkowski

Einführung: Mehr Fragen als Antworten?

**Die V. Kirchenmitgliedschaftsuntersuchung und ihre Folgen
für das Leitungshandeln in der Kirche**

„Die V. KMU zeigt, dass das Phänomen religiöser Indifferenz zunimmt und dieses ... eine völlig neue Grundsituation für die Kommunikation des Evangeliums eröffnet." So identifiziert der Vizepräsident der EKD, Dr. Thies Gundlach, in seinem abschließenden Kommentar des ersten Ergebnisbandes[1] die Herausforderungen angesichts der Ergebnisse der fünften Kirchenmitgliedschaftsuntersuchung. Wie sieht diese neue Grundsituation aus? Und was folgt daraus für das Leitungshandeln und damit für die zukünftige Gestaltung der Kirche?

Leitungsverantwortliche auf allen kirchlichen Handlungsebenen suchen in allen grundlegenden Entscheidungen, die sie zu treffen haben, – bewusst oder unbewusst – grundlegende Orientierungen. Neben theologischer Vergewisserung und einer guten Kenntnis der eigenen Möglichkeiten und Ressourcen sind dabei die Haltungen und Einstellungen der Kirchenmitglieder und Nichtmitglieder von erheblicher Bedeutung. Insofern hat die Frage der Folgen aus der V. KMU eine hohe Aktualität und Relevanz.

Wenn es um die Zukunft der Kommunikation des Evangeliums geht, dann ist diese nicht zu entwerfen, ohne ein Bild vom Leben der Menschen, ihren Einstellungen und Lebens-

---

1 Engagement und Indifferenz. Kirchenmitgliedschaft als soziale Praxis, V. EKD-Erhebung über Kirchenmitgliedschaft, hrsg. vom Kirchenamt der EKD, Hannover 2014, 132 <http://www.ekd.de/download/ekd_v_kmu2014. pdf>.

entwürfen zu haben. Auch nach mehr als einem Jahrzehnt der Reformprozesse wird in der V. KMU ein zunehmender Relevanzverlust der Evangelischen Kirche festgestellt, so ebenfalls Thies Gundlach: „Weniger regionale Beachtung, weniger gottesdienstliche Beteiligung, weniger ehren- amtliche Bereitschaft, mehr vergebliche Einladungs- und Angebotskultur, mehr Mühe, Kirchenälteste zu finden usw. Natürlich kennt jeder immer auch Gegenbeispiele – Gott sei Dank –, aber am mentalen Trend ändert das nichts. Deswe- gen bin ich davon überzeugt, dass dies eine Kernbotschaft der V. KMU ist: Während die Reorganisation der Strukturen mit den Mühen der Ebene durchgeführt werden (muss), die einer jeden Großorganisation eigen sind, steht ‚eine geist- lich-mentale Reorganisation‘ noch aus.“[2] Kirchenpräsident Dr. Volker Jung bringt auf den Punkt, worum es gehen wird. Er hält es für „unangemessen, sich angesichts der erkenn- baren Veränderungen mit einem einfachen ‚Weiter so‘ zu begnügen.“ Wenn es also in gegenwärtigen Entscheidun- gen um eine angemessene Antwort auf veränderte religiöse Einstellungen und Verbundenheit zur Evangelischen Kirche geht, dann will dieser Band die vorliegenden Ergebnisse der V. KMU nach solchen Hinweisen auf Kriterien für eine „geist- lich-mentale Reorganisation“ befragen. Ausgehend von einer Tagung im Juni 2014[3] wurden die Beiträge und Ergeb- nisse noch einmal bearbeitet, erweitert und um einige Bei- träge ergänzt.

Die Beiträge sind in vier thematische Blöcke gegliedert: Kirchenmitgliedschaft wahrnehmen und Kirche gestalten –

---

2 Vgl. in diesem Band: Thies Gundlach, Erste Folgerungen, 101 f.

3 Tagung: Mehr Fragen als Antworten? Konsequenzen aus der neuen Kir- chenmitgliedschaftsstudie für das Leitungshandeln der Kirche, Eine Veranstaltung der Führungsakademie für Kirche und Diakonie und der Ev. Akademie zu Berlin am 25. Juni 2014 mit ca. 90 Teilnehmenden in Berlin.

Der Pfarrberuf und seine Bedeutung für die Kirche – Kirche reformieren – aber wie? – Wahrnehmungen und Hintergründe. Die ersten drei Überschriften spiegeln die Struktur der Tagung wieder. Auf einen grundlegenden Vortragsimpuls von einem Mitglied des wissenschaftlichen Beirates der V. Kirchenmitgliedschaftsuntersuchung erfolgt jeweils eine „Antwort" aus der Perspektive der mittleren kirchlichen Leitungsebene aus drei verschiedenen Landeskirchen. Der vierte Abschnitt versammelt noch einmal andere Perspektiven auf die Thematik, die für uns aber unbedingt im Versuch einer Sicht auf das Ganze der Deutungsdimensionen und der Konsequenzen von großer Bedeutung sind.

Kirchenmitgliedschaft wahrnehmen und Kirche gestalten: Mit seinem grundlegenden Beitrag verbindet der Leiter des Sozialwissenschaftlichen Instituts der EKD *Prof. Dr. Gerhard Wegner* Informationen über die vorliegenden Ergebnisse mit ersten Deutungen. Er kommt zu dem Fazit, dass sich zwei Cluster im Blick auf Bindungsfaktoren benennen lassen: „eine lokale kirchlich religiöse Praxis vor Ort" und eine „öffentlich kirchlich religiöse Praxis".[4] Auf diesen Beitrag „antwortet" *Albrecht Nollau* (Superintendent im Kirchenbezirk Dresden-Nord; Ev.-Luth. Landeskirche Sachsens) mit seinem Beitrag: „Engagierte und Indifferente – für wen sind wir wichtig?". Er befragt aus dem Blick eigener Praxis und Erfahrung, an welchen Stellen eine Bedeutung für verschiedene Gruppen in einer pluralen Mitgliedschaft erlebt wird und verbessert werden kann.

Der Pfarrberuf und seine Bedeutung für die Kirche: Der Pfarrberuf stellt aus der Sicht der Kirchenmitglieder eindeutig den „Schlüsselberuf" dar. „Mehr als drei Viertel der

---

4   Vgl. in diesem Band: Wegner, Wie reproduziert sich Kirchenmitgliedschaft?, 56.

evangelischen Kirchenmitglieder kennen eine Pfarrerin bzw. einen Pfarrer mindestens namentlich oder vom Sehen. Ein solcher persönlicher Eindruck ... steht in engem Zusammenhang mit der Kirchenbindung."[5] Der Beitrag des Bonner Praktischen Theologen *Prof. Dr. Eberhard Hauschildt* „Die Kirche ist das Pfarramt – (nicht nur) theologische Herausforderungen für das Pfarramt" beleuchtet diesen Zusammenhang und plädiert am Ende für einen Mix von Haupt- und Ehrenamtlichen sowie verschiedener kirchlicher Berufe. Auf diesen Beitrag reagiert *Annette Muhr-Nelson* (damalige Superintendentin im Ev. Kirchenkreis Unna; Ev. Kirche von Westfalen): „Der Pfarrberuf wandelt sich – aber wohin?". Sie zeigt aus der Perspektive eines Kirchenkreises im Ruhrgebiet auf, dass das klassische Pfarrbild sich verändert und sich weiter verändern wird. Der männliche Vollzeit-Gemeindepfarrer wird abgelöst durch Frauen und Männer in unterschiedlichen Teilzeitmodellen, geteilten Diensten in Gemeinde- und Funktionsdiensten. Zukünfige Pfarrerinnen und Pfarrer müssen vorausschauen und als geistlich gegründete Persönlichkeiten ihre Leitungsaufgaben verstehen.

Kirche reformieren – aber wohin?: Der Vizepräsident des Kirchenamtes der EKD *Dr. Thies Gundlach* trägt mit seinem Beitrag „Erste Folgerungen aus der Kirchenmitgliedschaftsuntersuchung" erste konkrete Konsequenzen aus den bisher vorliegenden Ergebnissen vor. Gundlach formuliert zwölf Thesen, die in der Stärkung christlicher Lebensformen in Zeiten der Individualisierung, der Intimisierung des Glaubens und religiösen Sprachlosigkeit münden. Die „Vor-Ort-Kirche" sieht er als Grundform der Präsenz in der Fläche und das Pfarramt als öffentliche Repräsentanz „eines spezifischen

---

5 Engagement und Indifferenz, 13.

Themas und seiner Folgerungen für die Lebensformen"[6]. Als Antwort auf Thies Gundlach folgt der Beitrag von *Dr. Ralph Charbonnier* (damaliger Superintendent im Ev.-luth. Kirchenkreis Burgdorf, Ev.-luth. Landeskirche Hannovers) „Wider eine theologische Enthaltsamkeit gegenüber pluralen Lebensformen" und fragt vertieft nach der Stärkung christlicher Lebensformen und nach dem Verhältnis von geistlichem Amt (als Repräsentanz) und dem Priestertum aller Getauften.

Der vierte Block *Wahrnehmungen und Hintergründe* ergänzt die drei thematischen Reflexionen um einige weitere Perspektiven. Aus dem Blickwinkel eines leitenden Geistlichen nimmt der Kirchenpräsident der Ev. Kirche von Hessen und Nassau *Dr. Volker Jung* „Annäherungen aus kirchenleitender Sicht" ein.

Durch alle kirchlichen Mitgliedschaftsstudien zieht sich das Interesse an sozialem Engagement der Kirche. Das diakonische Handeln hat sehr viel mit der Glaubwürdigkeit der Kirche zu tun. Die diakonische Perspektive nimmt der Direktor der Ev. Stiftung Alsterdorf *Prof. Dr. Hanns-Stephan Haas* ein mit seinem Beitrag „Diakonie in der realen Kirche". Er stellt die Spannungen zwischen einer „wachsenden Diakonie" und einer „schrumpfenden Kirche" vor und unterstreicht, dass die Diakonie in ihrem Selbstverständnis eine kirchliche Verantwortung hat. Von einer nächsten KMU wünscht sich der Autor eine weniger paternalistische und stärker aktuell ausgerichtete Fragehinsicht z. B. auf bestimmte Dienstleistungen und Tätigkeitsbereiche der Diakonie.

Aus genuin soziologischer Sicht beschreibt die Friedrichshafener Netzwerk- und Organisationstheoretikerin *Prof. Dr. Maren Lehmann* ihre Leseeindrücke der KMU-V-Broschüre.

---

6 Gundlach, a. a. O., 116.

Ebenso pointiert wie soziologisch fundiert formuliert sie ihre Kritik an Haltung und Perspektive der Studie, die eben nicht dem Netzwerkdenken konform eine Betrachtung „von unten" zum Ausdruck bringe, sondern den organisationsspezifischen Blick „nach unten" mit allen erkenntnisleitenden wie zugleich erkenntniseinschränkenden Konsequenzen einnehme. Für sie reproduziert die Studie schlicht Haltungen und Erwartungen einer kirchenleitenden Organisation, die selbst aber deutlich angefragt werden müssten.

Vor monokausale und allzu schnelle Konsequenzen für Leitungsentscheidungen aus den bisher bekannten Ergebnissen stellen fast alle Beiträge eine gewisse Vorsicht. Ralph Charbonnier weist darauf hin, dass sich Handlungsoptionen für das kirchenleitende Handeln aus der V. KMU nicht „konkret" ableiten lassen. Vielmehr müssen Entscheidungen über die zukünftige Ausrichtung der Kirche in einem systemischen Verständnis den Auftrag der Kirche, die Situation und die eigenen Möglichkeiten aufeinander beziehen. Die zukünftige Ausrichtung (Profil, Prioritäten, Ziele) werden aus der wechselseitigen Verschränkung von Auftrag, Ressourcen und Kontext – und hier unter Berücksichtigung der KMU-Ergebnisse – entwickelt.[7] Diese Aufgabe allerdings gilt es auf allen Leitungsebenen der Kirche konsequent und prioritär weiterzuverfolgen, denn der Trend aller Mitgliedschaftsstudien ist eindeutig und ungebrochen: Die Menschen werden von Generation zu Generation immer weniger von dem und auf die Weise erreicht, wie die Kirche sich dieses Erreichen

---

7 Vgl. Ralph Charbonnier (epd S. 43/44) und zum „Kybernetischen Dreieck": Ralph Charbonnier, Kirche in Veränderung, Grundlagen und Konkretionen von Veränderungsprozessen im Kirchenkreis, in: Freiraum, Kirche in der Region missionarisch entwickeln, im Auftrag des Zentrums für Mission in der Region hrsg. von Heinzpeter Hempelmann und Hans-Hermann Pompe, Kirche im Aufbruch, Band 8, Leipzig, 2013, 77–101 (insbesondere S. 83)

idealerweise vorstellt. Die Kommunikation des Evangeliums als Auftrag der Kirche braucht deshalb deutliche Ziele und eine erkennbare Ausrichtung, um tatsächlich eine „geistlich-mentale Reorganisation" zu gestalten. Die sich an die Texte dieses Bandes anschließenden Diskurse mögen dazu ihren Beitrag leisten.

Kirchenmitgliedschaft wahrnehmen und Kirche gestalten

Gerhard Wegner

Wie reproduziert sich Kirchenmitgliedschaft?

Zu einigen Ergebnissen der
V. Kirchenmitgliedschaftsuntersuchung der EKD

Die Kirchenmitgliedschaftsuntersuchungen (KMU) der EKD stellen seit ihrem Beginn 1972 eine Fülle von Daten bereit, mittels derer sich vieles über die Sichtweisen der Kirchenmitglieder der Evangelischen Kirche in Deutschland in Erfahrung bringen lässt. Dies ist natürlich auch bei der V. Kirchenmitgliedschaftsuntersuchung der Fall. Man kann an diese Daten mit durchaus unterschiedlichen Fragestellungen und Deutungsperspektiven herangehen. Entsprechend anders wird man dann jeweils das empirische Material in den Blick nehmen, es in der Darstellung anordnen und so bereits in ganz äußerlich erscheinenden Bezügen von differenzierten Interessenlagen und theoretischen Kontexten her interpretieren. Allein die Entscheidung darüber, worauf ich mein Interesse besonders fokussiere, stellt bereits einen Deutungsschritt dar, den es zu verantworten gilt. Dieser Weg ist auch bereits in der Erstveröffentlichung[1] dadurch beschritten worden, dass die einzelnen Kapitel von unterschiedlichen Theologen und Soziologen verantwortet werden. Deswegen ist es gut, zu Beginn einer Analyse das eigene Interesse, soweit es einem bewusst ist, klar zu machen.

Meine Leitfrage in dieser Darstellung ist nun, wie sich Kirchenmitgliedschaft reproduziert. Es geht mir also darum,

---

1   Kirchenamt der EKD (Hrsg.), Engagement und Indifferenz. Kirchenmitgliedschaft als soziale Praxis. V. EKD-Erhebung über Kirchenmitgliedschaft, Hannover 2014.

das Material daraufhin zu befragen, inwiefern es Auskunft darüber gibt, wie die Mitgliedschaft in der Kirche, der christliche Glaube und Religiosität allgemein weitergegeben werden, z. B. von Generation zu Generation. Mein Blick richtet sich deswegen vor allem auf mögliche Variablen, die in der gesuchten Richtung bedeutungsvoll sind, wie z. b. zentral die religiöse Sozialisation der jeweils nachwachsenden Generation. Sie wiederum ist mit großer Wahrscheinlichkeit abhängig von der Virulenz religiöser Kommunikation in der Gesellschaft. Selbige korreliert mit Gelegenheitsstrukturen religiöser Kommunikation, die sich z. B. in der Kirche (und anderswo?) finden. Wie lassen sich derartige Strukturen beschreiben? Welche Rolle spielen klassische kirchliche Sozialformen, wie z. B. Kirchengemeinden? Zu diesen Fragekreisen findet sich in der KMU V viel Material. Einiges davon wird hier präsentiert.

Die Problematik der Reproduktion der Kirchenmitgliedschaft steht seit der KMU I 1972, die als Reaktion auf die großen Kirchenaustrittswellen nach 1968 zustande kam, durchaus auch in ihren Zentren – wird aber äußerst kontrovers diskutiert. Vielfach ist man (aus theologischen Gründen) nicht bereit, der real vorfindlichen Kirchenmitgliedschaft bzw. der Stabilität der empirischen Kirche eine größere Aufmerksamkeit zu schenken, da es gerade der Auftrag der Kirche sei, über sich selbst hinaus auf Christus und/oder auf die viel größer geglaubte und deswegen empirisch unsichtbare Kirche zu verweisen.[2] Zu viel Interesse an der Stabilität

---

2 Eine spannende Variante dieser Denkart ist der immer wieder auftauchende Verweis auf Formen von Religion, die sich entweder empirisch gar nicht oder nur mittels einer besonderen Deutung als Religion identifizieren lassen und von der Kirche nicht genügend Wertschätzung empfangen. So gebe es eine stumme Religion, Religion als Unaussprechbares oder klassisch Religion als Dramatisierung des autonomen Individuums, die sich

der vorhandenen Kirchenorganisation verdunkle aber diesen Auftrag.

Dem kann ich i. S. einer grundsätzlichen theologischen Relativierung der Bedeutung der Frage nach der Reproduktion von Kirchenmitgliedschaft nur zustimmen. Natürlich hängt von Antworten auf diese Frage letztlich zum Glück nicht das Schicksal des Reiches Gottes ab. Eine Kirche wird es immer geben. Gleichwohl kann das nicht bedeuten, diese Frage gar nicht mehr zu stellen. Denn die wahrnehmbare Kommunikation des Glaubens hängt nicht zuletzt an den Organisationsmöglichkeiten der Kirche – und sie allein ist das, worüber auch Theologen sich verständigen können. Dies zu leugnen, würde den Glauben in etwas Geisterhaftes überführen. Zudem ist es – vorsichtig gesagt – äußerst problematisch, die Geltung von etwas Unsichtbarem als Kritik des Sichtbaren zu behaupten.[3] Aber natürlich: Mitgliedschaft in der Kirche ist ganz gewiss nicht alles. Nur gilt eben auch: Ohne sie ist alles nichts.

---

jeder Organisierbarkeit entziehe. (Vgl. Thomas Luckmann, Das Problem der Religion in der modernen Gesellschaft, zuerst: Freiburg 1963.) Auch hier kann ich nur zugestehen, dass es diese Art von Religion geben mag, sie aber hier schlicht zugunsten der Fokussierung auf sozialgestaltlich kommunizierte Religion in den Hintergrund tritt. So auch in der KMU V. Im Übrigen wären Studien hilfreich, die diese Form von Innerlichkeit als Religion aus Sicht der Betroffenen nachweisen würden. Alle äußerlichen Indikatoren von Religion sind deutlich auf dem Rückzug – wie auch die KMU V belegt. Wenn aber äußerlich-leibhaftig immer weniger über oder in Religion kommuniziert wird, ist die These, dass dies nun innerlich – mithin systemtheoretisch außerhalb der Gesellschaft – umso mehr geschieht, mutig. Wie soll man sich so etwas vorstellen?

3 Die unsichtbare Kirche oder der völlig innerliche Glaube ist eben unsichtbar. D. h. niemand kann behaupten, diese Welten sehen zu können. Insofern können sie in keiner Weise zur Korrektur der empirischen Daten als solchen dienen.

Leitthese: Gelegenheitsstrukturen „vor Ort"

Um meine These gleich zu Beginn vorwegzunehmen: Entscheidend für die Reproduktion der Kirchenmitgliedschaft und die Weitergabe des Glaubens sind letztlich interaktive Gelegenheitsstrukturen; ist also die „Begegnung vor Ort". Damit ist gemeint, dass die leibhaftige Begegnung von Menschen, das interaktive Zusammensein, in differenzierter Weise auch Formen von Geselligkeit oder Gemeinschaft, von entscheidender Bedeutung für den Prozess der Reproduktion der Kirche sind. Dies wird in meiner Analyse der Daten der KMU V gut erkennbar. Demgegenüber hat die mediale Kommunikation von, mit und über Kirche eine geringere Relevanz für ihre Reproduktion.

Wenn man so will, weist Kirche folglich etwas recht Archaisches auf: Menschen kommen in der einen oder anderen Form – wie unterschiedlich auch immer – tatsächlich zusammen. Diese „Begegnung vor Ort" vollzieht sich auf vielen Ebenen im Bereich der Kirche, aber sie konzentriert sich auf der Ebene der lokalen religiösen Kommunikation, wie sie insbesondere in den Kirchengemeinden, aber auch in Gemeinschafts- und Geselligkeitsformen in größeren öffentlichen Bereichen stattfindet. Hier gibt es so etwas wie öffentlich religiöse Kommunikation – an anderen Orten in der Gesellschaft findet sie sich kaum oder nur sehr selten. Zudem sind die Leistungen der Kirche für die Gesellschaft (Diakonie, Bildung, Zivilreligion etc.) von großer Bedeutung. Sie verschaffen der Kirche in der Sicht ihrer Mitglieder – und weit darüberhinaus – zuallererst Glaubwürdigkeit. Die lokale und die öffentliche kirchliche Praxis sind wechselseitig aufeinander angewiesen.

Das ist aus meiner Sicht das zentrale Ergebnis der KMU V, das in dieser Hinsicht mit den Ergebnissen anderer KMUs korrespondiert. Wenn man die Reproduktion der Kirche für die Zukunft sicherstellen bzw. wieder stabilisieren will, so muss man folglich diese Ebenen besonders in den Blick nehmen und nach ihrer Leistungsfähigkeit fragen. Was tragen sie zur Weitergabe des Glaubens bei? Es geht also um eine neue Aufmerksamkeit einerseits für die „Kirchengemeinden" – andererseits für den zivilgesellschaftlichen „Nutzen" der Kirche. Die KMU kann hier weitgehend nur konstatieren, dass es diese Funktionalität gibt. Weitere Forschungen sind nötig, um ihre Qualität und Reichweite genauer zu erfassen. Die Forderung nach einer neuen Richtung der Aufmerksamkeit z. B. auf die Kirchengemeinde als primären Bezugspunkt der Kirchenmitgliedschaft impliziert also keineswegs die These, dass hier alles optimal funktionieren würde. Im Gegenteil! Zwar lässt sich anhand der KMU-V-Daten zeigen, dass das „System Kirche" funktioniert und den erkennbaren Bedarf an Religion in der Gesellschaft auf sich zieht und insofern befriedigt. Beunruhigend ist aber, dass dieser Bedarf ständig zu sinken scheint und deswegen die Reproduktion der Kirche zunehmend infrage gestellt ist. Dieses Ergebnis wird in seiner Bedeutung noch durch den Hinweis darauf verschärft, dass große Teile der Kirchenmitglieder an diesem Trend durchaus teilhaben und insofern ihre (zugeschriebene) Verantwortung für die Reproduktion der Kirche mangelhaft wahrnehmen.

Vorweg bemerkt sei zudem, dass es die Eigenart einer quantitativen empirischen Studie ausmacht, keine kausalen Beziehungen herstellen zu können. Es lässt sich nur sehr bedingt sagen, was wovon genau abhängt, was also im konkreten Fall Henne und was Ei ist. Man kann lediglich beschreiben, welche Phänomene zusammen auftreten, und das beschränkt den deutenden Zugriff auf die Daten dann doch in besonderer Weise. Nur durch die Hinzunahme weiterer theoretischer Erkenntnisse und weiterer empirischer Vergleichsdaten aus anderen Studien lassen sich ggf. auch kausale Beziehungen aufzeigen.

Dem Problem der Reproduktion von Kirche gehe ich nun in dreierlei Fragehinsicht nach:

– Was können wir über die Bindung an die Kirche sagen?
– Welche Brücken zur Gesellschaft schlägt die Kirche?
– Wie funktioniert die Weitergabe der Mitgliedschaft bzw. die Weitergabe des Glaubens in der Kirche?

1. Die Bindung an die Kirche

Wie in jeder KMU seit 1972 sind die Kirchenmitglieder gefragt worden, wie verbunden sie sich der Kirche fühlen. Sie konnten sich in dieser Hinsicht anhand einer Skala selbst einstufen. Dabei tritt ein breites Spektrum von Verbundenheitsmöglichkeiten zutage. Generell bleibt es so, dass es einen gewissen Teil „hochverbundener" (oder jetzt auch „intensiver") Mitglieder gibt. Demgegenüber stehen distanziertere Mitglieder, die erkennbar weniger partizipieren. Umstritten ist, ob die mittlere Gruppe, die bisher prozentual den größten Anteil darstellte, in der V. KMU tatsächlich zurückgegangen ist, so dass wir von einer gewissen Polarisierung zwischen höher Verbundenen und wenig Verbundenen sprechen können.

Wenn man aus den Verbundenheitsgraden eine übersichtliche Liste machen will, so ergibt sich Folgendes:

– 15 % der Kirchenmitglieder stufen sich selbst als *sehr Verbundene* ein. Dieser Anteil ist von 1992 (= 11 %) über 2002 (= 14 %) angestiegen. Wenn man die 15 % in eine

Zahl umrechnet – es handelt sich ja um eine repräsentative Untersuchung – dann finden sich in Deutschland mehr als drei Millionen Menschen, die sich der Kirche besonders verbunden fühlen (ebenso übrigens ihren Kirchengemeinden). Teilt man diese drei Millionen durch die etwa 15.000 Kirchengemeinden in Deutschland, so kommt man pro Kirchengemeinde im Schnitt auf etwa 200 eher eng verbundene Menschen. Das ist keine kleine Zahl und sie scheint, wenn man mit Gemeindepfarrern und Gemeindepfarrerinnen spricht, durchaus realistisch zu sein.

– Zudem lässt sich eine Zahl von 13 % *intensiver Kirchenmitglieder* als eine Gruppe mit einem besonderen Profil berechnen. Sie sind diejenigen, die häufig den Gottesdienst besuchen, Kontakt zur Pfarrerin bzw. zum Pfarrer haben und sich in der einen oder anderen Weise am kirchlichen Leben beteiligen. Von ihnen stufen sich 55 % als sehr und 40 % als ziemlich verbunden ein.

Man muss allerdings zu diesen 15 % bzw. 13 % – wie auch zu den weiteren Prozentangaben – anmerken, dass es sich hierbei nicht um statische Größenangaben handelt. Man kann folglich nicht sagen, dass die Kirche diese 15 % sozusagen sicher „hat". Diese Zahlen stellen – genauso wie z. B. bei jeweils zu einem Stichtag erhobene Arbeitslosenzahlen – eine Momentaufnahme dar. Dahinter kann auch eine große Fluktuation stecken. Bekannt ist das Phänomen, dass man jemanden in den Kirchenvorstand holt, der dann für die Zeit im Kirchenvorstand der Kirche hoch verbunden ist, wenn er dann allerdings den Vorstand wieder verlässt, ändert sich diese Verbundenheit wieder und die entsprechende Person taucht in der Kirchengemeinde nicht mehr auf. Das bedeutet: Auch in der Gruppe dieser 15 % wird es Fluktuation geben. Auch ist alleine mit dieser Zahlenangabe noch nichts Genaues über die Art und Weise ihrer Religiosität gesagt. Auch hier vollziehen sich sicherlich beständig erhebliche Veränderungen. So deutet vieles darauf hin, dass diese Gruppe heute wesentlich anspruchsvoller in der Kirche agiert als noch vor wenigen Jahren. Von Bedeutung scheint hier vor allem der wachsende Einfluss der Gruppe der „Jungen Alten" (Menschen zwischen etwa 60 und 75 Jahren) zu sein.

– Geht man weiter, dann kann man von etwa 20 % der Kirchenmitglieder sprechen, die sich *aktiv in kirchlichen und religiösen Gruppen engagieren.* Darin sind die erwähnten 15 % enthalten. Auch dies kann man auf Zahlen umrechnen, wenn man das will, und auch dies sind durchaus keine kleinen Zahlen, wenn man sie mit anderen zivilgesellschaftlichen Organisationen in Deutschland vergleicht. Aus anderen Studien, wie dem Freiwilligensurvey der Bundesregierung, wissen wir, dass sich insbesondere unter den sogenannten „Jungen Alten" das Engagement in der Kirche und zwar insbesondere in den Kirchengemeinden in den letzten Jahren noch beträchtlich erhöht hat.

– Wenn man nun noch weiterblickt, dann trifft man auf 44 % der *Kirchenmitglieder, die sich ihrer Kirchengemeinde verbunden fühlen* (Und zwar „sehr" oder „ziemlich" verbunden fühlen. „Etwas" verbunden fühlen sich darüber hinaus noch einmal 24 %).[4] Diese Zahl ist durchaus überraschend gewesen, denn sie deckt sich weitgehend mit der Zahl derjenigen, die sich der *evangelischen Kirche*

---

4 Differenzierung nach Alter (sehr und ziemlich verbunden): Bis 29 Jahre = 30 %; 30–44 Jahre = 40 %; 45–59 Jahre = 43 %; 60–69 Jahre = 46 %; über 70 Jahre = 67 %.

generell verbunden fühlen. Hier liegt die Zahl der „sehr" oder „ziemlich" verbundenen Menschen bei 43 %, etwa gleich hoch. Zählt man die „etwas" verbundenen Mitglieder noch hinzu, kommt man auf vollkommen identische Zahlen. Prüft man die Korrelation dieser Gruppen näher, dann zeigt sich, dass hier tatsächlich eine hohe Identität vorliegt. Anders gesagt: Wer sich der evangelischen Kirche verbunden fühlt, fühlt sich fast immer auch einer bzw. in der Regel sicherlich der eigenen Kirchengemeinde verbunden. Ja, die Verbundenheit mit der Ortsgemeinde ist sogar intensiver, da der Anteil von ihr sich sehr verbunden Fühlenden mit 22 % erheblich über dem der Kirche allgemein sehr Verbundenen mit 15 % liegt.

Diese Zahlen (sie sind erstaunlicherweise für die Kirchengemeinde in dieser Form in den KMU zum ersten Mal erhoben worden![5]) sind deswegen überraschend, weil gerne die These vertreten wurde, es gebe viele Evangelische, die sich zwar der Kirche, nicht aber der Kirchengemeinde verbunden fühlen würden. Dahinter stand die Vermutung, dass die Kirchengemeinden wegen gewisser Begrenztheiten, wie ihrer Milieuverengung oder Überalterung, nicht in der Lage wären, in einem großen Ausmaß alle Evangelischen anzusprechen oder gar zu binden. Die Zahlen der KMU V belegen nun aber, dass die Verbundenheit mit der Kirchengemeinde erstaunlich hoch ist, ja eben genauso hoch wie mit der Kirche insgesamt. Die Vorstellung, dass es viele Menschen gäbe, die sich sozusagen kulturell allgemein der Kirche verbunden fühlen würden, aber mit ihrer Kirchengemeinde

---

5 In der KMU I von 1972 wurde alternativ nach der Verbundenheit mit der Ortsgemeinde bzw. der Ev. Kirche insgesamt gefragt. Die Zahlen für die Ortsgemeinde waren ähnlich hoch.

eigentlich nichts zu tun haben wollen, weil sie ihnen zu
boniert erscheint, lässt sich folglich mit der KMU V nicht
(mehr) bestätigen. Der Grad der Bindung an die Kirche
entspricht der Bindung an die Kirchengemeinde. Darüber wird sicherlich noch viel diskutiert werden.

– Wer noch weiter blickt, stellt fest, dass 73 % der *Kirchenmitglieder erklären, dass sie nicht austreten wollen*. Dies
ist die höchste Zahl, die bisher jemals in einer KMU
gemessen worden ist. Dazu kommen dann noch 11 %,
die von sich sagen, sie überlegten zwar hin und wieder,
ob sie austreten würden, sie würden dies aber in naher
Zukunft nicht tun. Nur ungefähr 8 % der Kirchenmitglieder kündigen einen Austritt in Kürze an. Das ist die
stabilste Situation, die wir bisher gemessen haben, und
ein ermutigendes Ergebnis, auch wenn man sicherlich
berücksichtigen muss, dass die Befragten in der KMU V
(wie in jeder KMU) immer wieder gerne dazu tendieren,
sich positiver zu äußern, als es ihrem tatsächlichen Verhalten entspricht.

– Zu dieser Zahl von 73 % gibt es nun eine interessante
Parallelisierung. Die Zahl derjenigen, die nicht austreten wollen, ist ungefähr gleich hoch mit der Zahl derjenigen, *die einen Pfarrer oder eine Pfarrerin kennen*: 75 %.
Diese Zahlen decken sich auch in etwa mit den Zahlen
derjenigen, die sich der Kirche ziemlich, sehr oder etwas
verbunden fühlen. Dies verweist auf die These, dass sich
das Wichtigste in der Bindung an die Kirche in der personalen Begegnung vollzieht. Die Tatsache, dass so viele
Menschen angeben, einen Pfarrer oder eine Pfarrerin zu
kennen, ist deswegen erstaunlich, weil dies bei anderen Organisationen kaum der Fall ist. Man kann diese
Erkenntnis dann noch weiter differenzieren, indem man
unterscheidet, ob die Menschen einen Pfarrer/eine Pfar-

rerin vom Sehen oder per Gesprächskontakt kennen. Diese Differenzierung ist für das Engagementverhalten der Menschen von großer Bedeutung: Hohes Engagement geht mit pastoralen Gesprächskontakten einher; nur das Kennen vom Sehen ist damit weniger gekoppelt.

Verbundenheiten

Man kann nun diese Verbundenheitsrubriken näher miteinander in Beziehung setzen, um weitere Parallelisierungen mit anderen Faktoren vornehmen zu können. So lassen sich einige Zusammenhänge zwischen der Verbundenheit mit der Kirche und spezifischen Einstellungen und Verhaltensweisen feststellen:

– So gibt es eine enge Kopplung zwischen Religion und Kirchlichkeit: Je religiöser sich die Menschen selbst einschätzen, desto verbundener stellen sie sich auch gegenüber der Kirche dar. Und umgekehrt: Je weniger religiös sie sich selbst einstufen, desto weniger verbunden mit der Kirche stufen sie sich ein. Die Korrelationen sind hier sehr dicht, so dass man erstaunlicherweise in der KMU V geradezu von einer Identität zwischen Kirchlichkeit und Religiosität sprechen kann. Dies hat uns sehr überrascht. Der Korrelationskoeffizient zwischen Religiosität und kirchlicher Verbundenheit liegt bei 0,81. Das bedeutet: Wenn man nach Religion sucht, findet man sie verlässlich auf jeden Fall in der Kirche. Außerhalb von Kirchen findet man sie – in der Sicht dieser Ergebnisse – sehr viel weniger. So sehen das die Befragten. Theologen werden das sicherlich anders sehen, da sie einen anderen Begriff von Religiosität haben, mit dem sie die Erfahrungen der Menschen als religiös deuten, auch wenn diese selbst es anderer Ansicht sind. Aber in der Sicht der Kirchenmitglieder und der Konfessionslosen stellen Religion und

Kirche offensichtlich ein gemeinsames, koextensives Feld dar.

Es scheint sich also das Feld der sichtbaren Religion in der Gesellschaft – und dann auch noch einmal innerhalb des großen Feldes der Kirche selbst – auszudifferenzieren. Die Menschen suchen und finden dort Religion, wo sie erkennbar präsent ist; jedenfalls, sofern es sich um öffentliche religiöse Kommunikation handelt. Darüber hinaus gibt es Religion in eher privaten Kontakten mit anderen Menschen. Wenn diese Religion allerdings wirklich „gelebt", d.h. in der einen oder anderen Form „öffentlich" wird, steht sie auch wieder in einem engen Zusammenhang mit der kirchlichen Verbundenheit. Über diese, wenn man es so sagen kann, „Verkirchlichung von Religion", muss sicher noch weiter intensiv diskutiert werden.[6] Eines aber wird deutlich: Vitales reli-

---

6 Dieses Ergebnis wäre für sich genommen nichts Neues: Schon immer haben kirchliche Untersuchungen dazu tendiert, Kirche und Religion zu identifizieren. Und spätestens seit den Sechzigerjahren hat sich die Religionssoziologie kritisch von dieser Sicht abgesetzt und einen weiter gefassten Religionsbegriff entwickelt. Vgl. dazu Luckmann, Anm. 3, 20: „Das Wesentliche an dieser Polemik ist es, klar herauszustellen, dass die Gleichung Religion = Kirche zur Vernachlässigung der gesellschaftlich verfestigten symbolischen Wirklichkeiten führt, die dem täglichen Leben des einzelnen einen übergeordneten Sinn geben und die den Krisen des persönlichen Daseins eine transzendente Legitimierung verleihen." Luckmann arbeitet deswegen in der Folge an einem betont unkirchlichen und unchristlichen Religionsbegriff, während J. Matthes und T. Rendtorff dasselbe Phänomen innerhalb der christlichen Tradition als Verwirklichung der christlichen Sichtweisen in ihrer Säkularisierung begreifen. In diesen Forschungslinien sind äußerst bemerkenswerte Studien über religioide Phänomene in der Gesellschaft angestellt worden (Fußball, Kunst, Werbung etc.), die das Erbe der christlichen Kosmologie antreten. Vgl. z.B. Hubert Knoblauch, Populäre Religion. Auf dem Weg in eine spirituelle Gesellschaft. Frankfurt a. M. / New York 2009. Legt man allerdings die KMU-V-Ergebnisse der Zuschrei-

giöses Interesse findet sich, wenn überhaupt, in unserer Gesellschaft in den Kirchen – es wächst ihnen jedenfalls nicht von außen zu. Das wird auch bedeuten: Die vorhandene *explizite* religiöse Nachfrage wird durch das Angebot der Kirchen anscheinend weitgehend befriedigt. Darüber hinaus kann und wird es sicherlich weitergehende religiöse Bedürfnislagen geben, die eher implizit existieren, d. h. den Betreffenden selbst nicht immer ganz deutlich sind, aber bei Gelegenheit zu Bewusstsein kommen können.[7] Das ist, zugegeben, ein im Grunde genommen langweiliges Bild: Eine explizit unbefriedigte Nachfrage nach Religion könnte wesentlich dynamisierender für die Kirche sein.

---

bung von Religion durch die individuellen Akteure der Kirchenmitglieder und der Konfessionslosen daneben, dann wird das Problem dieser Sichtweise deutlich: Zwar erfasst sie präzise funktionale Äquivalente für Religion; eben diese werden aber nicht mehr als Religion aufgefasst. Worum es sich in der Sicht der Menschen handelt, hat Thomas Luckmann im Grunde genommen schon vor 50 Jahren auf den Punkt gebracht: „Sie sind Dramatisierungen des subjektiv autonomen einzelnen auf der Suche nach Selbstverwirklichung und Selbstbestätigung." (68) Und deswegen gilt: „All diese religiösen Themen und Gegenthemen sind ihrem Wesen nach radikal diesseitig und verweltlicht." (70) Warum aber soll man das dann noch als Religion identifizieren?

7 Ein klassischer Fall hierfür sind Begegnungen mit Pastorinnen und Pastoren. In ihnen kann spontan sozusagen etwas „hochkommen", was sonst mangels Gelegenheit unterbleibt: Fragen nach Gott, nach dem Leiden usw. Die Erfahrungen von solchen Begegnungen führen bei Pastorinnen und Pastoren dann leicht dazu, das breite Vorhandensein von religiösen Interessen bzw. religiöser Kommunikation in der nichtkirchlichen Gesellschaft zu unterstellen. Tatsächlich aber wird es in diesen Begegnungen mit Vertretern der Kirche erst erzeugt, jedenfalls erst dann sichtbar. In dieser Deutung würde die Latenz von einer irgendwie impliziten Religion der These von ihrer Verkirchlichung nicht notwendig widersprechen.

- Zudem gibt es enge Zusammenhänge zwischen der Verbundenheit der Menschen mit der Kirche und ihrem diakonischen bzw. sozialen Interesse. Je stärker die Menschen mit der Kirche verbunden sind, desto stärker ist auch das Interesse, dass sich die Kirche diakonisch und sozial engagiert. Auch das ist ein interessantes, wenn auch kein neues Ergebnis. Es gibt folglich im Großen kein religiöses Engagement der Menschen losgelöst von der Praktizierung von Nächstenliebe und Hilfe für andere. Beides hängt eng zusammen.

- Zudem gibt es einen starken Zusammenhang zwischen kirchlicher Verbundenheit und Engagement. Das Engagement der Menschen in der Kirche, aber auch das Engagement der Menschen im zivilgesellschaftlichen Bereich, in der Politik oder in Vereinen, ist umso stärker, je mehr die Menschen der Kirche verbunden sind. Die kirchliche Verbundenheit der Menschen, ihre konfessionelle Zugehörigkeit, geht damit einher, dass sich Menschen gerne für das Gemeinwohl engagieren.

- Es verwundert nun nicht, dass man auch feststellen kann, dass das Interesse für die kirchliche Verkündigung wächst, je verbundener die Menschen der Kirche sind. Gleichzeitig wächst auch das Interesse an politischen Äußerungen der Kirche. Wenn man sich die Kirchenmitgliedschaft insgesamt im Durchschnitt anschaut – diese Ergebnisse hat es auch in den letzten Kirchenmitgliedschaftsuntersuchungen gegeben – muss man nüchtern feststellen, dass das Interesse an politischen Äußerungen der Kirche relativ gering ist und weit hinten rangiert. Bei den stärker verbundenen Mitgliedern jedoch zeigt sich ein vergleichsweise hohes Interesse an solchen Äußerungen. Dies erklärt manche heftigen politischen Debatten im Raum der Kirche, die insgesamt in der Gesellschaft aber relativ wenig auslösen.

- Zum Stichwort „kirchliche Demografie". (Ich setze diesen Begriff bewusst in Anführungszeichen, um deutlich zu machen, dass es sich hier um eine besondere Beziehung von Kirchlichkeit, Religiosität und alternder Gesellschaft handelt.) Je stärker die Menschen der Kirche verbunden sind, desto älter sind sie – das ist allerdings nicht neu. Je weniger verbunden sie sind, desto jünger. Beides kann man natürlich auch umdrehen. Grundsätzlich allerdings ist es nach wie vor so, dass es einen lebenszyklischen Effekt gibt: Mit dem Alter steigt die Verbundenheit und die Religiosität der Menschen. Diese Situation führt zu einem höheren Durchschnittsalter der Kirchenmitglieder als dem der deutschen Gesamtbevölkerung: 46,6 Jahre zu 42,1 Jahre. Wenn man sich den Generationenvergleich anschaut, kann man allerdings feststellen, dass jede nachfolgende Generation sozusagen auf einem etwas niedrigeren Level gestartet ist, was dann bedeutet, dass insgesamt das Niveau auch bei den Älteren gesunken ist. Allerdings ließen sich in der V. KMU leicht steigende Religiosität und Kirchlichkeit bei den jüngeren Menschen feststellen.

In diesem Gesamtgefüge gibt eine Gruppe unter den Älteren, die in Zukunft noch weiter an Gewicht gewinnen wird: die bereits erwähnten Jungen Alten. Während Prognosen der Mitgliederentwicklung insgesamt in den nächsten Jahren und Jahrzehnten nach unten weisen, wird die Zahl dieser Menschen nach einem leichten Rückgang in den nächsten fünf Jahren noch etwa weitere zehn Jahre lang ansteigen und damit prozentual unter den Kirchenmitgliedern immer mehr an Gewicht gewinnen.

Indifferenz

In Umkehrung der bisher beschriebenen Zusammenhänge lässt sich nun auch einiges zu den weniger Verbundenen sagen. Je weniger die Menschen der Kirche verbunden sind, desto stärker besteht ihre Bindung an die Kirche nur noch in traditionellen und konventionellen Begründungen. Sie geben dann an, dass die Tatsache, dass sie noch in der Kirche sind, vor allen Dingen daran liegt, dass ihre Eltern es waren oder eben auch, weil sich das so gehöre. Weitere, stärker „inhaltliche" Gründe spielen darüber hinaus für sie keine große Rolle. Auch für die intensiveren Mitglieder existieren diese traditionellen und konventionellen Gründe, sie können aber daneben noch weitere Verbundenheitsargumente anführen, die insgesamt ihre Kirchenmitgliedschaft weiter stabilisieren. Wenn jedoch bei einer größeren Gruppe nur noch traditionelle und konventionelle Gründe existieren, dann ist die Fragilität der Kirchenmitgliedschaft wahrscheinlich stärker ausgeprägt. Kommen dann bestimmte Anlässe hinzu, über die man sich ärgert oder die die „Nutzlosigkeit" der Kirchenmitgliedschaft deutlich machen, kann sie leichter infrage gestellt werden.

Zugleich gilt dann auch: Je weniger die Menschen verbunden sind, desto weniger sind sie an politischen Äußerungen der Kirche interessiert und desto allgemein indifferenter gegenüber Religion und Kirche sind sie. Über diese These der Existenz von Indifferenz – sozusagen am Ende der Skala des Bindungsverhaltens zur Kirche – ist bereits viel diskutiert worden. Indifferenz konstatieren wir in unserer Untersuchung immer dann, wenn Menschen auf Fragen wie „Was bedeutet ihnen Kirche oder Religion?" im Prinzip antworten: „Das ist mir gleichgültig!" Dies kann man bei einem kleinen Teil der distanzierteren Kirchenmitglieder feststellen.[8] Außerhalb der Kirche bei den Konfessionslosen allerdings in einem größerem Ausmaß (insbesondere im Osten). Indifferenz bedeutet, dass mich die Kirche weder positiv noch negativ anspricht.[9] Da ist dann nichts, was mich interessiert, es ist aber auch nichts, was mich auf die Palme bringt: es herrscht eben einfach Gleichgültigkeit. Indifferenz ist ein Phänomen, das in unserer Gesellschaft weit verbreitet ist – man denke nur an die nachlassende Wahlbeteiligung, die auf ähnliche Denkweisen zurückgeht.

Aus einer Folgestudie zur KMU V zitiere ich einen Satz, der die Problematik der Indifferenz sehr schön auf den Punkt bringt: „Da war mal die Überlegung, dass ich austrete. Aber nein, dachte ich, eigentlich finde ich es ja gut, was sie

---

8   Gewiss nicht bei der großen Mehrheit der Kirchenmitglieder!

9   Das Phänomen der Indifferenz muss deutlich von der im Zusammenhang der KMU II diskutierten Bewertung der kirchlich Distanzierten als „unbestimmte" Kirchenmitglieder unterschieden werden. Indifferenz fasst eine Reihe von empirisch erfassbaren Indikatoren zusammen, an denen sich so etwas wie eben Gleichgültigkeit gegenüber einer bestimmten Größe äußert. Unbestimmtheit jedoch bezeichnete eine theologische Deutung von empirisch erfassten Tatbeständen – bezeichnet also eine noch weitergehende Interpretationsebene. Hierzu hat seinerzeit Joachim Matthes das Nötige gesagt: Ders., Unbestimmtheit: Ein konstitutives Merkmal der Volkskirche? Anmerkungen zu einem Thema der Diskussion um die EKD Mitgliedschaftsstudien 1972 und 1982. In: Joachim Matthes (Hrsg.), Kirchenmitgliedschaft im Wandel. Untersuchungen zur Realität der Volkskirche. Beiträge zur zweiten EKD-Umfrage „Was wird aus der Kirche?", Gütersloh 1990, 149–162. Seine zutreffende forschungspraktische Folgerung war damals, dass die KMU keine amtskirchlichen Maßstäbe des Christlichen abfragen sollten. „Stattdessen müssten sie an den Lebensverhältnissen der Menschen selbst ansetzen und dem nachgehen, was sich in ihnen in jeweils eigenartiger Fassung als „Christliches" selber identifiziert oder identifizieren lässt." (161) Eben dieser Empfehlung ist auch die KMU V gefolgt und hat genau deswegen Indifferenz bei einem Teil der Mitglieder entdeckt.

machen. Aber was machen sie eigentlich?" Diese Aussage beschreibt sehr schön, wie es mit der Gleichgültigkeit funktioniert. Dabei ist die Form, die hier zum Ausdruck kommt, noch eine eher warme und freundliche Gleichgültigkeit. Da gibt es noch einen positiven Bezug zur Kirche; es ist einem noch nicht völlig egal, was bei der Kirche geschieht, sondern man hat die Vorstellung, dass es etwas Gutes und Schönes sei, was einen auch interessieren könnte. Aber man weiß nicht mehr richtig, was das ist. Und von sich aus unternimmt man auch nichts, um sich an dieser Stelle schlau zu machen und sich vielleicht dann doch noch zu beteiligen. Man wartet ab, ob die Kirche irgendwie auf einen zukommt, und wenn das dann in positiver Weise geschieht, wäre man durchaus bereit, sich in irgendeiner Form ansprechen zu lassen. Kann die Kirche ihren „Nutzen" deutlich machen, so dass man dann ggf. sogar stolz auf seine Mitgliedschaft sein könnte, ließe sich Indifferenz – zumindest in dieser warmen Firm – auch überwinden. Die Initiative dazu muss aber von „der Kirche" kommen, von der sich diese Person als distanziert erfährt. Latente Bedürfnisse sind möglicherweise vorhanden, aber sie verdichten sich nicht zu einem aktiven Bedarf nach Kirche.

Das bedeutet: Wo solche Haltungen vorhanden sind und seitens der Kirche keine Kommunikation gesucht und keine Beziehung hergestellt wird, kann es leicht sein, dass sich auch dieses warme Interesseverhalten weiter reduziert und die Leute dann irgendwann sagen: „Ich weiß nicht mehr, was da ist, ich weiß nicht, ob es gut oder schlecht ist, es ist mir auch egal." Und dann ist der Abschied von der Kirche schnell vollzogen. Es kommt zu einer harten Form der Indifferenz. Was dieses Phänomen genau bedeutet, darüber muss noch viel diskutiert werden. Aber es beschreibt das Kommunikationsproblem der Kirche gut. Vielleicht kann man mit geeigneten Angeboten diese Menschen durchaus erreichen, aber es ist ein mühevoller Prozess. Wenn es allerdings erst zur Bildung von harter Indifferenz kommt, sind die Chancen sehr gering.

Diakonie

In diesen Zusammenhängen gibt es eine Ausnahme, und die ist sehr bedeutsam: Es ist das Interesse an sozialer Aktivität der Kirche. Dieses Interesse zieht sich durch alle Gruppen der Kirchenmitgliedschaft hindurch. Wenn man die Kirchenmitglieder fragt, was die Kirche hauptsächlich machen soll, dann stehen soziale Aktivitäten immer ganz oben. Es scheint mir so zu sein: Die sozialen Aktivitäten der Kirche beglaubigen für die Menschen sozusagen den Wahrheitsanspruch des Glaubens. Denn es gilt für viele: Was es genau mit dem Glauben auf sich hat und wie gültig oder nützlich er ist, kann man nicht immer ganz genau wissen. Dass aus ihm aber sozial etwas für die Integration der Gesellschaft und an Hilfe für Menschen in Not folgt, ist für viele plausibel. Insofern gilt, dass die Diakonie etwas mit der Glaubwürdigkeit von Kirche zu tun hat. In ihr wird sozusagen das Sozialkapital der Kirche erarbeitet. Leider kommt dieser Aspekt in den Befragungen der V. KMU zu kurz. Die KMU nehmen traditionell das Feld der Diakonie viel zu wenig in den Blick. Die KMU VI sollte sich ihm widmen.

Intensitäten

Ein weiterer Aspekt betrifft die Einstellung der Menschen zu religiöser Vielfalt. Auch hier finden sich interessante Ergebnisse. Das Interesse an religiöser Vielfalt, also das Interesse an anderen Religionen und an religiösen Phänomenen allgemein, findet sich vor allem bei denjenigen, die eine engere Bindung an die Kirche haben. Hier schaut man sich um, was es alles gibt und ist auf der Suche nach religiösen Angeboten und Äußerungsformen, die für einen selbst von Interesse sein könnten. Etwas gewagt formuliert: Was wir früher über Patchworkreligiosität festgestellt haben, also eine Form von Religiosität, in der sich Menschen aus vielen „eigentlich" disparaten Bestandteilen ihre eigene Religion zusammenbasteln und vieles dahinein tun, was nicht unbedingt christlich sein muss: Diese Form von Religiosität scheint sich heute auch bei den höher Verbundenen und höher Religiösen zu finden – und eher weniger bei den distanzierten oder gar konfessionslosen Menschen. Das muss man ernst nehmen. Es scheinen sich also auch die Glaubensstruktur und auch die Glaubensinhalte der intensiven und höher religiösen Mitglieder zu „modernisieren". Hier gilt es, noch genauer hinzuschauen. Aber dies bestätigt, was bereits zu den 13 % gesagt wurde: Diese Gruppe ist – bei aller „Treue" – kein fester Besitz der Kirche!

Intensive Mitglieder kommunizieren häufig religiös, sie beten häufiger als andere. Interessant ist zudem auch, dass zwei Drittel der intensiven Mitglieder ein wörtliches Bibelverständnis ablehnen. Diese Auskunft ist deswegen von Bedeutung, weil wir wissen wollten, wie viele Fundamentalisten es in unserer Kirche gibt. Man sieht nun, dass dies nicht das Problem in unserer Kirche sein kann. Auch fromme Menschen sind in unserer Kirche keine Fundamentalisten, sondern hochverbundene, hochreligiöse Menschen als solche.

2. Brücken in die Gesellschaft

Nach der Schilderung von Charakteristika der Bindung an die Kirche stellt sich nun in anderer Hinsicht die Frage, über welche Brücken in „die Gesellschaft"[10] die Kirche verfügt. Was existiert an Wegen über die eigenen Bindungskräfte hinaus zu anderen Menschen, die nicht an die Kirche gebunden sind? Was tut die Kirche in dieser Richtung und wie werden die Angebote akzeptiert? Anders gefragt: Welchen Nutzen hat die Kirche für die Gesellschaft und wie groß ist ihre Reichweite? Auch diese Fragen lassen sich anhand der erhobenen Daten gut beantworten.

– Dabei kann man gut mit dem Thema *Kasualien*, vor allem Taufen, Konfirmation und Beerdigungen, beginnen. Kasualien sind natürlich nicht nur eine Brücke in die Gesellschaft, sondern sie sind auch zutiefst etwas, was die Bindung an die Kirche erhöht, weil sie Menschen lebenslaufbezogen in die kirchliche und religiöse Kommunikation hineinnehmen und sie in der Kirche beheimaten. Aber die Kasualien haben zudem eine wichtige Brückenfunktion, weil an ihnen auch immer wieder konfessionslose Menschen in einem nicht geringen Teil teilnehmen. Dies betrifft im Westen 35 % der Konfessionslosen und im Osten 25 %. (Wenn man bedenkt, zu welch vergleichsweise geringem Anteil die Kirche im Osten flächenmäßig vertreten ist, dann ist die Zahl von 25 % besonders beachtlich.) Das bedeutet, dass bei Kasualfeiern immer auch Menschen dabei sind, die ihren Abschied von der Kirche schon vollzogen haben und für die dies nun wieder eine Chance der Begegnung mit Kirche ist. Deswegen ist ihre Gestaltung von noch besonderer Bedeutung. Kasualien haben folglich in dieser Hinsicht durchaus eine missionarische Qualität, zumindest

---

10 Natürlich ist die Kirche auch Teil der Gesellschaft. Der Begriff ist hier nur der besseren Verständlichkeit wegen gewählt. Eigentlich müsste es „Umwelt" der Kirche heißen.

werben sie, wenn sie sympathisch und „warm" gestaltet sind, dafür, dass es sich lohnt, mit Religion und Kirche in Begegnung zu kommen, weil es das eigene Leben bereichert und Sinndeutungsangebote bereitstellt.

- Eine zweite Brücke in die Gesellschaft ist die *Diakonie*. Das Vertrauen der Evangelischen in die Diakonie ist erwartungsgemäß sehr hoch, und zwar umso höher, je verbundener die Menschen der Kirche sind. Aber auch konfessionslose Menschen haben mit 36 % ein erstaunlich hohes Vertrauen in Einrichtungen der Diakonie und sie erwarten von der Kirche sogar zu 56 %, dass sie solche Einrichtungen betreibt. Das Soziale kann folglich eine Brücke von der Kirche zur Gesellschaft und umgekehrt sein. Allerdings ist die Frage zu stellen, was Menschen in den sozialen Einrichtungen der Kirche tatsächlich erleben. Vorrangig ist natürlich, dass ihnen dort in der einen oder anderen Weise praktisch „geholfen" wird. Erleben sie darüber hinaus anderes, vielleicht Religiöses, das ihr Interesse an der Kirche insgesamt weckt? Das lässt sich natürlich auch bezweifeln. Wir haben es zumindest in dieser Studie nicht untersucht. Aber auf jeden Fall erleben diese Menschen etwas, das mit der Glaubwürdigkeit der Kirche zu tun hat.

- Ähnlich ist es mit dem *Bildungsbereich*. Für das Unterhalten evangelischer Kindertagesstätten spricht sich die große Mehrheit der Evangelischen über alle Altersgruppen hin aus. Mehrheitlich auch konfessionslose Menschen. Das gleiche Bild findet sich bei evangelischen Schulen, wenn auch ein bisschen schwächer als bei Kindertagesstätten. Diese Bildungsaktivitäten sind also eine weitere wichtige Brücke aus der Kirche in die Gesellschaft hinein. Auch hier kann man natürlich tief gehender fragen, warum so viele Menschen solche Aktivitäten begrüßen. Dies muss nicht notwendig etwas mit dem religiösen Gehalt der Bildungsanstrengungen zu tun haben. Deutlich aber ist, dass auch Menschen von außerhalb der Kirche gerne ihre Kinder in diese Einrichtungen schicken, weil sie ihnen vertrauen, was eine große Chance für die Kirche darstellt.

– Eine weitere Brücke ist das *zivilgesellschaftliche Engagement* der Kirchenmitglieder. Beim Thema *Integration* beispielsweise setzen sich Kirchenmitglieder besonders ein. Das können wir in der KMU V deutlich belegen. Im Freiwilligensurvey der Bundesregierung lässt sich sogar zeigen, dass das Engagement konfessionell gebundener Menschen in der Gesellschaft stärker ist als das konfessionsloser Menschen. Das ist kein Gottesbeweis, aber ein Zeichen, wie nützlich die Kirche für die Gesellschaft ist. Damit hängt auch zusammen, dass wichtige politische Repräsentanten unserer Gesellschaft sich nach wie vor zum christlichen Glauben bekennen und ihm auf diese Weise vor und für die Menschen öffentlich beglaubigen. Dies ist für die Geltung von Kirche und Religion von gar nicht zu überschätzender Bedeutung.

Weiter wäre in dieser Liste von Brückenfunktionen zwischen Kirche und Gesellschaft ganz allgemein die Übernahme zivilreligiöser Funktionen durch die Kirche zu nennen. Dazu zählt die öffentliche Präsenz des Christentums bei wichtigen Anlässen, nicht zuletzt im Fall der Bereitstellung von religiösen Ritualen bei Katastrophen aller Art. Ihr kommt für die Bedeutung von Religion und Glaube ein hoher Wert zu. Insgesamt scheint mir eine Debatte über den sozialen, kulturellen und politischen „Nutzen" von Religion und Kirche überfällig zu sein. Natürlich nicht, um christlichen Glauben nur noch unter einer Nutzenfunktion verrechnen zu können. Lediglich, um pragmatisch seine Wirkung besser zu sehen.

3. Weitergabe der Mitgliedschaft in der Kirche

Nun zur Frage der Weitergabe der Mitgliedschaft in der Kirche, also zum Problem, wie Kirche sich im Kern reproduziert. Dabei liegt es nahe, zunächst einmal religiöse Kommunikation in den Blick zu nehmen, denn sie ist für Kirche zweifellos konstitutiv. Dementsprechend haben wir Menschen gefragt, mit wem sie sich über religiöse Themen austauschen, wie oft sie beten, wie oft sie in den Gottesdienst gehen usw. Das Ergebnis bei den Fragen zur Unterhaltung über religiöse Themen war insgesamt durchaus ernüchternd. Denn in dieser Hinsicht betätigen sich nicht viele unter den Kirchenmitgliedern – unter den Konfessionslosen ohnehin kaum irgendwelche. Wenn sie es dann doch tun, tun sie es im privaten Bereich mit ein, zwei Personen, im Bereich der Familie oder im Rahmen von Freundschaften. Ein Gespräch über Religion ist also etwas Persönliches und vielleicht Existentielles[11], das man privat, jedenfalls nicht unbedingt außerhalb der Kirche oder in anderen gesellschaftlichen Bereichen auf der Arbeit oder in der Freizeit führt.

---

11 Ob die abgefragten Gespräche über religiöse Themen tatsächlich existentiell sind – und deswegen nur im kleinsten Kreis erfolgen – lässt sich schwer sagen. Hier hat es in den Deutungen der Ergebnisse z.T. Umkehrungen der Fragestellungen gegeben: Aus der Tatsache, dass solche Themen nur mit ganz wenigen Partnern besprochen werden, schloss man, dass sie existentiell sein müssten. Die Frage nach Themen deutet aber eher darauf hin, dass hier kognitive Gehalte und damit eher allgemeine Erörterungen assoziiert wurden.

Religiöse Kommunikation

Die in der Broschüre angegebenen Zahlen sind in dieser Hinsicht etwas aufgebläht, da hier zur Gesamtsumme derjenigen, die sich überhaupt über religiöse Themen austauschen, auch diejenigen zugerechnet werden, die dies „selten" tun. So kommt man hier auf 44 % Anteil der evangelischen Kirchenmitglieder, die mindestens „selten" mit anderen über religiöse Themen sprechen. Zieht man diejenigen jedoch ab, die dies selten tun, so kommt man auf einen sehr viel kleineren Anteil von etwa der Hälfte. Aber auch dann tauschen sich 56 % der evangelischen Kirchenmitglieder nie mit anderen über religiöse Themen aus.[12]

Diese Zahlen lassen sich mit ähnlichen Angaben in der KMU I von 1972 vergleichen. Damals ist gefragt worden: „Wenn Sie sich mit jemandem außerhalb ihres Verwandtenkreises unterhalten, geht es dabei häufig, manchmal, selten oder so gut wie nie um Religion, Glaube und Kirche?"[13] Mit häufig und manchmal antworteten 42 %, mit selten 29 % und mit nie 28 %. Auch wenn sich die Fragen 1972 und 2012 mithin nicht total vergleichen lassen, lässt sich dennoch sagen, dass die Frequenzen vor 40 Jahren gut doppelt so hoch waren, wie heute. In der KMU II (1982) ist diese Frage dann – wiederum etwas modifiziert als Gespräche über Religion, Glaube und Kirche in Familie, Bekannten- und Kollegenkreis – erneut gestellt worden.[14] Ergebnis: häufig und manchmal = 37 %, selten = 32 %, so gut wie nie = 31 %.

Bei der Frage nach dem Sinn des Lebens sind wir noch weiter in die Tiefe gegangen. 65 % aller befragten Personen

---

12 Die Angaben für Gesamtdeutschland und für Deutschland West sind identisch.

13 Helmut Hild (Hrsg.), Wie stabil ist die Kirche? Gelnhausen / Berlin 1974, 73.

14 Johannes Hanselmann / Helmut Hild / Eckart Lohse (Hrsg.), Was wird aus der Kirche? Gütersloh 1984, 165.

geben an, nie über den Sinn ihres Lebens zu sprechen. 36 % antworteten positiv: 2 % tauschten sich häufig über den Sinn ihres Lebens aus, 12 % gelegentlich und 21 % selten. Es sind also nur 14 %, die dies in markanter Weise tun. Bedenkt man dann noch, dass etwa die Hälfte der Evangelischen, die sich über den Sinn ihres Lebens austauschen, sagt, dass dieser Austausch sehr oder eher religiös ist, so kommt man auf relativ kleine Prozentzahlen. Auch hier ist ein Vergleich mit – wiederum etwas anders formulierten Fragen – in der KMU II möglich.[15] Damals gaben an über den Sinn des Lebens zu sprechen: häufig und manchmal = 55 %, selten = 27 %, so gut wie nie = 18 %. Die Differenz zur Zeit von vor 30 Jahren ist hier frappierend! Der Sinn des Lebens scheint zur Zeit schlicht kaum ein Thema zu sein.

Diese Situation muss man nüchtern in den Blick nehmen. Öffentliche religiöse Kommunikation (außerhalb des privaten Bereichs) gibt es nach diesen Ergebnissen in einem nennenswerten Umfang nur in der Kirche: Immerhin 21 % der Kirchenmitglieder tauschen sich über den Sinn des Lebens mit anderen Gemeindemitgliedern und/oder kirchlich Mitarbeitenden aus. Außerhalb von Kirche ist so etwas deutlich weniger zu finden. Die Hoffnung, dass es in der Gesellschaft so etwas wie religiöse Netzwerke gibt, also Gruppen, die sich intensiv in solchen Fragen unabhängig von der Kirche und Kirchengemeinden austauschen, hat zumindest in der KMU V getrogen. Es braucht anscheinend die Gelegenheitsstrukturen der Kirche, um sich überhaupt in einem nennenswerten Umfang mit Religion zu befassen.

Für mich folgt daraus, dass wir als Kirche in besonderer Weise Verantwortung für religiöse Kommunikation insgesamt tragen. An dieser Thematik gibt es offensichtlich nicht

---

15 A. a. O., 164.

viel Interesse in der Gesellschaft allgemein. Wenn religiöses Interesse, dann richtet es sich auf die Kirche. Die Kirche steht hier für die Religion ein und das sehen die Menschen auch so. Sie kommunizieren da religiös, wo es klar definierte Orte und Zeiten gibt, an denen man sich entsprechend austauscht. Wenn es so etwas nicht gibt, unterbleibt es weitgehend. Angebot und Nachfrage korrespondieren. Das System funktioniert in sich gut, abgesehen davon, – aber das ist natürlich entscheidend –, dass es insgesamt schrumpft. Aber das Schrumpfen hat anscheinend nichts mit unbefriedigter Nachfrage, sondern eher mit deren fehlender Weckung zu tun.

Exkurs
Dieses Ergebnis der KMU V stellt aus meiner Sicht eine wichtige Überzeugung mancher vor allem praktisch-theologischer Diskurse der letzten Jahrzehnte infrage: Nämlich ob es „da draußen in der Gesellschaft" viel Religion gebe, die die Kirche aber nicht wahrnehmen würde. Die Nachfrage wäre also schon vorhanden – aber das Angebot würde ihr nicht gerecht. Die Kirche wäre mithin an ihren Schrumpfungen selber schuld.

Dieses Denkmuster ist weit verbreitet und ist durch eine Identitätssuche motiviert. Ich greife zur Erläuterung dieses Musters nun einfachheitshalber auf einen in dieser Hinsicht in seiner Deutlichkeit einschlägigen Text zurück, und zwar auf die Aufsatzsammlung von Volker Drehsen unter dem prägnanten Titel: „Wie religionsfähig ist die Volkskirche?"[16] Dieses Buch erschien wenige Jahre vor der Publikation der Ergebnisse der KMU III, korrespondiert aber in seinen Inter-

---

16 Volker Drehsen, Wie religionsfähig ist die Volkskirche? Sozialisationstheoretische Erkundungen neuzeitlicher Christentumspraxis, Gütersloh 1994.

pretationen deutlich mit ihr. Die Einleitung zu dieser Aufsatzsammlung enthält eine Reihe von Thesen, die sich sehr
gut anhand von Zitaten herausarbeiten lassen.

Es beginnt mit folgender Behauptung: „Überspitzt aus-
gedrückt: Die pastoral-professionell durchorganisierten
Volkskirchen sind unter den Bedingungen der modernen
Gesellschaft in dem Maße an ihrer eigenen Unfähigkeit zur
Religion gescheitert, wie sie mehr auf gesellschaftliche Pro-
tektion statt auf Bildung und Sozialisation, mehr auf kulturelle Indoktrination als auf lebensweltliche Indigenisation
und Plausibilität, mehr auf Distanz zur Gesellschaft als auf
differenzierte Teilhabe an ihren Entwicklungen, mehr auf
Konformisierung ihrer Mitglieder, als auf deren lebensgeschichtliche Erfahrung vertraut haben." (8) Mit diesen Ent-
gegensetzungen ist die Sichtweise präzise bezeichnet. Sie
kommt in der Begrifflichkeit von der ihr eigenen Unfähigkeit
der Kirche zur Religion am deutlichsten zum Ausdruck. Diese
Beschreibung impliziert, dass es in der Gesellschaft unter
den die indoktrinierten Normen der Kirche nicht erfüllen-
den Menschen ein großes Interesse an Religion gibt, das es
zu fördern gelte. Und genau dies ist dann auch die These,
dass es „nämlich Anzeichen einer reichhaltigen Durchfor-
mung und Diversifikation der praktischen Entfaltungsmög-
lichkeiten des Christentums" (8) gibt.

Am drastischsten werde dieses Versagen der Kirche am
Beispiel des Gottesdienstes und dem vordergründigen
„Popularitätsverlust der Kirchen", denn gerade hier trete
stets zugleich ein tiefgreifender Erfahrungsverlust der kirchlichen Lebenswelt zutage. Der „Kirchenschwund" scheint vor
diesem Hintergrund nichts weiter zu sein als eine gewan-
delte Form des religiösen Interesses und der Emanzipation
von kirchlichen Engführungen, das sich neue Ausdrucksformen sucht. Eben diese Prozesse vollziehen sich im Bereich der

religiösen Bildung, am Beispiel der Jugend und des Konfessionswandels: „In all diesen Fällen handelt es sich nicht einfach um eine kirchliche Verlustbilanz, sondern es äußern sich darin auch Verlagerungs- und Umformungsphänomene, die auf eine zunehmende Diversifikation der christlichen Lebenspraxis hindeuten, die teils zu innerkirchlicher Pluralisierung führen, teils auch außerhalb der Kirchen Lebensformen des Christentums entwickeln, teilweise sogar auf außerchristliche Religiosität zurückgreifen oder sich religiösen Ersatzwelten zuwenden. Damit aber stellt sich für die Kirche selbst die Frage nach ihrer religiösen Integrationsfähigkeit. Der Abschied von überkommener Kirchlichkeit lässt in seinen vielfältigen Dimensionen das Problem einer solchen religionsfähigen Kirche neu entstehen, die sich immer wieder etwas darauf zugutehält, Volkskirche zu sein" (9).

Was von Seiten der Kirche als Verlust erfahren wird, stellt also in Wirklichkeit lediglich eine Diversifikation, Umformung und Verlagerung christlicher Lebenspraxis dar – also eigentlich einen großen Erfolg des Christentums – und sollte durch eine breite Pluralisierung und Spezialisierung innerhalb der Kirche besser aufgenommen werden. Der entsprechende Satz redet allerdings nicht vom „Aufnehmen" dieser Welten in die Kirche, sondern formuliert in einer bemerkenswerten Ambivalenz wie zitiert Folgendes: „Damit aber stellt sich für die Kirche selbst die Frage nach ihrer religiösen Integrationsfähigkeit." Unklar bleibt hier, wer wen eigentlich integrieren soll: ob sich die Kirche religiös in die Gesellschaft integriert oder die Kirche besser Religion in sich selbst integrieren soll.

Insgesamt wird das Leitinteresse des Abschieds von überkommender Kirchlichkeit sehr deutlich. Nur so könnte Kirche Volkskirche bleiben. Im Hintergrund steht die These, die am Anfang der KMU insbesondere in den Texten von Joachim Matthes und Trutz Rendtorff deutlich wird: dass der Relevanzverlust von Kirchlichkeit vor allem darauf zurückzuführen ist, dass lebensweltliche und lebensgeschichtliche Erfahrungen und Bedürftigkeiten der Menschen im überkommenden Kirchlichkeitsmilieu nicht angemessen zum Ausdruck gebracht werden können und sich deswegen andere, eigene kirchlich emanzipierte subkulturelle Lebenswelten bilden, sei es von fundamentalistischer, sei es von liberal-synkretistischer Art, die sich von der Kirche faktisch abkoppeln (9). Große Hoffnung wird an dieser Stelle insbesondere auf den Religionsunterricht (oder auch den Kirchentag) gesetzt, weil man sich hier nicht der (angeblichen) kircheneigenen Bildungsverweigerung unterordne „mit der die Kirche allmählich einer gesellschaftlichen Marginalisierung ausgeliefert wird" (9). Sie stellen einen Ort dar, „an dem der Kirchlichkeitsbezug religiöser Bedürftigkeiten gleichsam herrschaftsfrei und unbelastet von kirchenamtlichen Interessen an Indoktrination und Verhaltensreglementierung zur Selbstreflektion und Diskussion stehen kann" (9).

Deutlich wird, dass sich in diesem Denkmuster Religion nicht nur breit außerhalb der Kirche findet, sondern die dort anzutreffenden religiösen Interessen auch noch manifest höher zu bewerten sind, als die sich in der Kirche artikulierenden, da sie sich mit einem Interesse am herrschaftsfreien Diskurs als eine Form emanzipierter Religiosität gegenüber den autoritären, dogmatischen und verknöcherten Formen in der Kirche verbinden. Die Kirche sollte sich dringend auf diese Welten einlassen, um dem christlichen Glauben wieder Geltung zu verschaffen. Das Schlimmste was sie machen könnte, wäre Eigeninteressen (Theologische Dogmatik, Gottesdienst) zum Zuge kommen zu lassen. Wenn sich die Kirche in diesem Sinne als Kirche zurückhält, hat das Christentum die besten Chancen.

Was aber, – so meine Anfrage zu diesen Thesen –, wenn sich rein empirisch von dieser manifesten Präsenz des Religiösen immer weniger nachweisen lässt? Die KMU-V-Ergebnisse – und nicht nur sie –[17] zeigen, dass die Gesellschaft immer weniger religionsfähig wird – gewiss nicht die Kirche. Vielleicht sind ihre Engführungen gar gerade die Bedingung für (öffentliche) religiöse Kommunikation? Die kirchenpraktischen Folgerungen aus diesen Diskursen gilt es noch zu ziehen. Allerdings sei eines zur Vermeidung von vorschnellen Urteilen gleich gesagt: Natürlich folgt hieraus in keiner Weise der Schluss, dass sich „die Kirche" nur noch um die Hochverbundenen kümmern sollte! Natürlich muss sie sich nicht nur weiterhin, sondern noch viel stärker als bisher auf die Erfahrungswelten der individualisierten Menschen beziehen! Insofern braucht es weiterhin eine „liberale Theologie", die diesen „Transfer des Evangeliums" hoffentlich bewerkstelligt. Der Unterschied besteht nun allerdings darin, dass die weniger auftretenden alltäglichen Resonanzen nicht vor allem der Kirche, sondern der gesellschaftlichen Situation insgesamt zugerechnet werden müssen. Für einen wie auch immer gearteten Misserfolg der Kirche in der Ausweitung religiöser Kommunikation gibt es kein Alibi mehr.

Religiöse Sozialisation
In dieser Hinsicht ist die Weitergabe des Glaubens, sprich religiöse Erziehung oder religiöse Sozialisation, nun natürlich von besonderer Bedeutung. Blickt man z. B. anhand von

---

17 Vgl. z. B. die Ländervergleiche im Bertelsmann-Religionsmonitor, die für Nord- und Mitteleuropa die geringste religiöse Vitalität weltweit ausmachen können: Petra-Angela Ahrens / Claudia Schulz / Gerhard Wegner, Religiosität mit protestantischem Profil, in: Bertelsmann Stiftung (Hrsg.), Woran glaubt die Welt? Analysen und Kommentare zum Religionsmonitor 2008, Gütersloh 2009, 533 – 552.

Daten des Bertelsmann Religionsmonitors auf die Entwicklung religiöser Erziehung nach Altersgruppen in der deutschen Bevölkerung insgesamt, so lässt sich im Osten von einer relativen Konstanz auf niedrigem Niveau, im Westen aber von einem markanten Niedergang sprechen. Bei der jüngsten Gruppe der 16–25-Jährigen geben im Osten etwa 15 % und im Westen etwa 25 % an, dass sie religiös erzogen worden sind, wohingegen diese Zahlen bei den über 66-Jährigen im Osten bei 45 % und im Westen bei über 70 % liegen.

Betrachtet man vergleichend die Daten der KMU V, so finden sich hier zwar höhere Angaben als in der Gesamtbevölkerung, aber auch hier Werte unter 50 %. Die Altersgruppe der 14–21-Jährigen im Westen sagt zu 49 %, dass sie religiös erzogen worden sei; 39 % halten eine religiöse Erziehung der Kinder für wichtig. Bei den Älteren liegen die Zahlen ganz anders: Altersgruppe 66 plus: 83 % bzw. 78 %. Die Situation wird dann, wenn man in die Zahlen noch etwas tiefer einsteigt, durchaus noch kritischer. Insgesamt halten 34 %, ein Drittel der Evangelischen, eine religiöse Kindererziehung für nicht wichtig. Man kann das noch differenzieren und kommt dann darauf, dass diese Zahl bei denjenigen noch ansteigt, die vom Lebensalter her Kinder haben können, nämlich bei den 15- bis 49-Jährigen: 42 % dieser Altersgruppe halten eine religiöse Kindererziehung für nicht wichtig. Das ist noch nicht die 50 %-Quote, aber das sind doch entscheidende Indikatoren für einen Abbruch des Interesses in dieser Richtung. Da passiert etwas, was im Blick auf die Weitergabe des Glaubens und der Reproduktion von Kirche sehr ernst genommen werden muss. Denn wer als Kind nicht mit Religion in Verbindung kommt, hat statistisch gesehen schlechte Chancen, damit überhaupt als Erwachsener erreicht werden zu können.

Das bildet sich auch noch einmal in einer Zahl ab, die uns überrascht hat. Die Evangelischen haben im Durchschnitt nach wie vor eine sehr hohe Taufbereitschaft. Die ganz große Mehrheit will ihre Kinder taufen lassen. Das war schon immer so und so ist es auch geblieben – allerdings zählen dabei auch die Aussagen derjenigen Älteren mit, die längst keine Kinder mehr haben. Die Taufbereitschaft derer, die mit der Kirche weniger verbunden sind, ist nun aber in den letzten zehn Jahren von 79 % auf 59 % gesunken. Das kann man kaum anders als einen Einbruch bezeichnen. Und das muss zu der Überlegung führen, was die Kirche an dieser Stelle machen kann. Diese Situation hat natürlich gravierende Folgen für den weiteren Weg z. B. der Konfirmation. In einigen Großstädten in Deutschland soll mittlerweile der Anmeldestand der möglichen Konfirmanden eines Jahrgangs um 50 % zurückgegangen sein. Dass dies die Reproduktion von Kirche bedroht – und zwar im Generationenzusammenhang relativ schnell – liegt auf der Hand.

Dies alles zusammen genommen führt dann zu einer besonderen Situation bei den Jugendlichen. Hier die Angaben aus dem Westen: 22 % der Jugendlichen fühlen sich der Kirche sehr verbunden, nicht verbunden 52 %, als religiös stufen sich 12 % ein, das ist leicht erhöht gegenüber den Zahlen von vor zehn Jahren, 16 % reden über Religion. Die 12 %, die sich als religiös einstufen, korrespondieren mit Zahlen, die wir aus der evangelischen Jugendarbeit und auch der Arbeit mit Studierendengemeinden haben. Auch wenn diese Zahlen nicht ganz gesichert sind, so lässt sich wohl ungefähr sagen, dass 10 % der kirchlichen Jugendlichen von den entsprechenden Arbeitsfeldern tatsächlich erreicht werden, was ja auch nicht wenig ist.

Faktor Pfarrer/Pfarrerin

Die Kenntnisse und der Kontakt zum Pfarrer, zur Pfarrerin, sind von großer Bedeutung für die Bindung zur Kirche und für die Entwicklung der eigenen Religiosität. So kann man unterscheiden zwischen persönlichem Kontakt, also einem tatsächlichem Gesprächskontakt, und einem nur namentlichen oder Sehkontakt. Seit Beginn der Kirchenmitgliedschaftsuntersuchungen gab es immer eine große Zahl von Menschen (immer über 50 %), die einen Gesprächskontakt zum Pfarrer, zur Pfarrerin meldeten. Das waren sehr hohe Zahlen (vielleicht subjektiv etwas überhöht). Zudem ist stets von etwa einem Drittel der Kirchenmitglieder genannt worden, dass man einen Pfarrer vom Sehen oder vom Namen her kennt. Zusammengenommen ergaben die beiden Größen immer Quoten zwischen 70 und 80 %. Was sich jetzt abzeichnet, ist aber, dass der persönliche Gesprächskontakt drastisch gesunken ist: von 52 % 2002 auf jetzt 38 %. Gleichzeitig stieg der Kontakt nur vom Sehen. Wenn man die Zahlen addiert, bleibt folglich alles wie früher, was sicher positiv ist. Aber der persönliche Gesprächskontakt ist weniger geworden, was mit einer abnehmenden Zahl von Pastorinnen und Pastoren in Deutschland im Verhältnis zur Mitgliederzahl zusammenhängen kann.[18] Aber das kann nicht der einzige Grund sein.

Die Differenzierung zwischen den beiden Kontaktdaten ist deswegen so wichtig, weil das Engagement in und die Bindung an die Kirche am intensivsten mit dem Gesprächskontakt zum Pfarrer, zur Pfarrerin zusammengeht. Tritt beides zusammen auf, stabilisiert es sich sozusagen gegen-

---

18 Eine eigene, allerdings sehr unsichere Berechnung im SI ergibt die folgenden Relationen: 2003 kamen auf 1350 Kirchenmitglieder eine Pfarrperson (also alle entsprechenden Personen in allen kirchlichen Diensten zusammen gezählt); 2009 waren es bereits 1682 Mitglieder.

seitig. Darin liegt eine wichtige Funktion der Präsenz von Pfarrerinnen und Pfarrern. Andere Mitarbeiter leisten dies natürlich auch, allerdings in einem scheinbar geringeren Ausmaß. Fragt man, mit wem die Menschen im letzten Jahr Kontakt hatten,[19] so nennen sie neben Pfarrer/Pfarrerin zu 21 % Sekretärinnen im Gemeindebüro, 20 % Diakone bzw. Mitarbeiter in der Jugend-, Familien- oder Seniorenarbeit, 17 % Religionslehrer, 15 % Kirchenmusiker usw. Die Kontakthäufigkeit aller kirchlichen Mitarbeiter und Mitarbeiterinnen, natürlich auch die Ehrenamtlichen, ist folglich in keiner Weise zu vernachlässigen. Die wichtige und zentrale Rolle des Pfarrers und der Pfarrerin wird dadurch aber nicht gemindert. Deswegen ist eine Folgerung unserer Studie: „Nicht nur die Gemeinde –, sondern auch die kulturkirchlichen Formen der Beteiligung werden ganz überwiegend von Menschen wahrgenommen, die in einem persönlichen Kontakt zu einer Pfarrerin, zu einem Pfarrer stehen." Hier wird kein ursächlicher Zusammenhang beschrieben, aber ein enges gemeinsames Auftreten. Es lässt sich folglich prognostizieren: Der geringere Gesprächskontakt mit Pfarrerin/Pfarrer geht mit einer weniger intensiven Bindung der Kirchenmitglieder einher.

4. Zusammenfassung und Fazit

Zusammengefasst lässt sich aus den drei Bereichen Bindung, Brücken, und Weitergabe des Glaubens Folgendes schlussfolgern:

---

19 Was die Frequenz des Kontaktes anbetrifft, so muss man berücksichtigen, dass es z. B. erheblich weniger Diakone als Pastoren gibt. Ihre tatsächliche Bedeutung für Kontakte könnte mithin sogar größer sein.

– Es gibt einen deutlich erkennbaren Zusammenhang von *Kirchlichkeit und Religiosität*. Religiosität und Kirchlichkeit werden von den Menschen stark identifiziert, was viele Beobachter der religiösen Landschaft in Deutschland erstaunen mag. In der Sicht der Menschen findet sich Religiosität vor allem in der Kirche und sonst relativ selten in der Gesellschaft. Dieses Phänomen wird noch dadurch unterstützt, dass es einen engen Zusammenhang zwischen religiöser Sozialisation und kirchlicher Verbundenheit gibt. Zudem existiert ein weiterer enger Zusammenhang von Erwartungen an die Kirche mit Kirchenverbundenheit und Religiosität. Das gesamte „System" ist folglich geschlossen, stark auf sich selbst bezogen und in dieser Hinsicht doch wohl innerhalb der Gesellschaft ausdifferenziert (wie andere Systeme auch). Man kann dies, was sich hier beobachten lässt, als einen Effekt von Säkularisierung (als funktionale Ausdifferenzierung von Religion) bezeichnen.

– Zudem kommt in der Studie zum Ausdruck, dass die *Kirchengemeinde* nach wie vor eine große Bedeutung hat; eine größere, als viele angenommen haben. Die Begegnung vor Ort, die leibhaftige Begegnung von Menschen, vollzieht sich ganz offensichtlich zuvörderst in Kirchengemeinden und hier wiederum besonders in der Begegnung mit Pfarrern und Pfarrerinnen und anderen kirchlichen Mitarbeitern. Dabei wird auch deutlich, dass diese Begegnungen nicht nur durch die klassische Ortsgemeinde abgedeckt werden; es gibt auch andere Gemeindeformen, die vom Ortsbezug losgelöst sind. Die Evangelischen identifizieren sich in einem überraschenden Ausmaß mit ihren Kirchengemeinden.[20] Die Existenz

---

20 Obwohl das eigentlich so überraschend nicht ist. Die Ortskirchengemein-

einer großen Gruppe von Evangelischen, die zwar ihrer Kirche, aber nicht ihrer Gemeinde verbunden sind, ist nicht nachzuweisen.

– Zudem ist der Bezug der Kirche auf *Familien* für die Weitergabe des Glaubens von alles entscheidender Bedeutung. Dieser Bezug ist der Dreh- und Angelpunkt für Religiosität und Kirchenbindung. Dies ist eigentlich eine Erkenntnis, die religionssoziologisch schon uralt ist. Man weiß, dass die enge Verbindung zwischen Kirchen und Familie entscheidend ist. Dies bestätigt sich in Untersuchungen noch einmal ganz deutlich, wenn man fragt, wer entscheidend für eine positive Beziehung zu Religion und Kirche ist: Das sind nach wie vor die Mütter, dann die Väter, dann die Großeltern und dann auch Pfarrer und Pfarrerinnen, Religionslehrer und Religionslehrerinnen und andere. Die Kirche ist auf die Familien angewiesen und nicht umgekehrt. Dies in den Blick zu nehmen, scheint mir für die zukünftige kirchliche Arbeit von alles entscheidender Bedeutung zu sein.[21]

– Attraktiv für viele Menschen unter den Kirchenmitgliedern, aber auch darüber hinaus, ist das *soziale Engagement der Kirche*, die Diakonie und anderes. Attraktiv sind auch die Bildungsaktivitäten der Kirche und das, was man als Religion im Lebensverlauf bezeichnen kann: die Begleitung der Menschen mit religiösen Angeboten im Leben, Kasualien und was sonst dazugehört. Dies gilt auch für Menschen, die einen eher lockeren oder distanzierteren Umgang mit der Kirche pflegen.

---

den bilden nun einmal die Basisstruktur religiöser Versorgung – gut erreichbar für jedermann. In sie fließen die mit Abstand meisten Ressourcen.

21 Dabei ist deutlich, dass unter Familie heute jede Beziehung verstanden werden muss, in der Kinder vorhanden sind.

Zieht man diese Ergebnisse zusammen, so ergeben sich zwei Cluster von Faktoren bzw. Aktivitäten, die, wenn sie gemeinsam gegeben sind, mit großer Wahrscheinlichkeit unter den gegebenen Bedingungen eine gewisse Stabilität der Kirchenmitgliedschaft bewirken können:

– Dabei handelt es sich in einer Hinsicht um eine *lokale kirchlich religiöse Praxis vor Ort*, wie sie meistens in den Kirchengemeinden stattfindet. Zu den wichtigen Faktoren zählen hier neben (1) überschaubaren „Gemeinschaftsformen" bzw. Gruppengrößen und (2) Pfarrerinnen und Pfarrern, (3) der Bezug auf Familien, (4) aber auch auf Soziales. Dort, wo diese vier Dimensionen gegeben sind, besteht noch am ehesten die Chance, dass die Weitergabe des Glaubens relativ stabil bleiben kann. Was dies für die Ausgestaltung kirchlicher Arbeit bedeutet, muss diskutiert werden. Mir scheint, dass der Bezug auf Familien und das soziale Engagement von Kirchengemeinden durchaus verbesserungs- und steigerungsfähig ist.

– Das zweite Cluster möchte ich als öffentlich-kirchlich-religiöse Praxis bezeichnen. Es umfasst die Dimensionen des (1) Sozialen, der (2) Bildung und der (3) zivilgesellschaftlichen Religion als die eines „Rahmens der Gesellschaft" bzw. des eigenen Lebens. Hier geht es um Leistungen, die von der Kirche für die Gesellschaft erbracht werden. Hier bringt die Kirche viel für die Integration der Gesellschaft ein. Auch dieses Cluster von Faktoren ist entscheidend wichtig, um die Weitergabe des Glaubens unter den gegebenen Bedingungen vor allem im Hinblick auf seine Glaubwürdigkeit zu stabilisieren.

Wie es mit der Kirche insgesamt weitergeht, kann niemand letztendlich verbindlich prognostizieren. Das Bild, das die KMU V zeichnet, ist im Kern die Bestätigung einer relativ konventionellen und traditionellen volkskirchlichen Praxis. Man kann gut begründet sagen, dass das gesamte kirchliche System in Deutschland diejenigen religiösen Bedürfnisse befriedigt, die vorhanden sind. Jedenfalls bietet die KMU V keine Indizien dafür, dass es in der Gesellschaft darüber hinaus eine nennenswerte Nachfrage nach Religion geben würde, die die Kirche nicht in der Lage ist, aufzunehmen. Beruhigen sollte diese Diagnose aber nicht, denn offensichtlich schrumpft die Zahl der Kirchenmitglieder. Sie schrumpft zusammen mit dem Interesse an Religion. Man kann offensichtlich auch immer besser ohne Religion leben.

Dieses Ergebnis ist ernüchternd; es führt hoffentlich zum Realismus. Der „Laden Kirche" läuft, wie er läuft, und das gar nicht so schlecht. Und doch mangelt es an Perspektiven. Die KMU V stellt eine Art Ent-Täuschung dar und sollte aus meiner Sicht vor allen Dingen als eine geistliche Herausforderung wahrgenommen werden. Die Gesellschaft kleidet sozusagen den christlichen Glauben nicht mehr so ein, wie sie es früher getan hat. Niklas Luhmann paraphrasiert: Es gibt immer weniger außerreligiöse Gründe, religiös zu sein. Die Kirche könnte in dieser Perspektive autonomer, freier werden: angewiesen allein auf die Kraft ihres Herrn.

Albrecht Nollau

Engagierte und Indifferente – für wen sind wir wichtig?

Respons zu: Gerhard Wegner, Wie reproduziert sich Kirchenmitgliedschaft? Zu einigen Ergebnissen der V. Kirchenmitgliedschaftsuntersuchung der EKD

Vorbemerkung

Meinen Überlegungen zu der gestellten Frage möchte ich wenige Sätze zu meiner Person und der Situation, in der sich die kirchliche Arbeit in dem Kirchenbezirk, für den ich verantwortlich bin, vollzieht, voranstellen, um deutlicher machen zu können, in welchem Kontext meine Suche nach Antworten geschieht.

Ich bin im Jahr 1962 in Dresden geboren und in dieser Stadt aufgewachsen. Ich gehöre damit zu dem Geburtsjahrgang mit der niedrigsten Kirchenzugehörigkeit in der Stadt Dresden. Nur 10 % der Männer gehörten zur römisch-katholischen oder evangelisch-lutherischen Kirche (Die entsprechende von der Stadt herausgegebene Statistik trennt an dieser Stelle nicht zwischen den Konfessionen!).

In meiner Grundschulklasse besuchten 4 von 30 Schülerinnen und Schülern die Christenlehre als Angebot der Kirchgemeinde. Im Gymnasium hatten immerhin 7 von 30 Jugendlichen an der Konfirmation teilgenommen – überwiegend in der „Kompromissvariante": Jugendweihe und ein Jahr später Konfirmation.

Im Blick auf die Stadt Dresden sind Christinnen und Christen eine Minderheit. Von den 80 % Konfessionslosen gehören nur wenige Freikirchen oder – aufgrund des geringen

Ausländeranteils – anderen Religionen an. Wenn die KMU V von einer „Kultur der Konfessionslosigkeit" spricht, dann müsste es hier sogar „Religionslosigkeit" heißen. Das äußere Bild der Stadt entspricht dem natürlich nicht. Die großen Kirchengebäude, Frauenkirche, Kathedrale und Kreuzkirche bestimmen die Silhouette und täuschen leicht über die geringe Alltagsbedeutung von Religion für die meisten Menschen hinweg.

Engagierte und Indifferente

Die KMU V und auch die Frage, die in der Überschrift steht, nimmt zwei Gruppen von Menschen besonders in den Fokus: Die Engagierten und die sogenannten Indifferenten.

Die *Engagierten* kennen wir als kirchliche Mitarbeitende richtig gut. Es sind die Ehrenamtlichen aus unseren Gemeindekirchenräten und Kirchenvorständen, die Musikerinnen und Musiker, die Sängerinnen und Sänger, Mitarbeitende im Besuchsdienst und beim Austragen der Gemeindenachrichtenblätter, ehrenamtliche Webmaster, Telefonseelsorgerinnen und Kindergottesdienstmitarbeitende und viele andere mehr. Die Frage, ob wir für sie wichtig sind, lässt sich aus meiner Sicht hinreichend beantworten, auch wenn es natürlich besser wäre, sie selbst zu fragen.

Ich nehme wahr: Unsere Glaubensinhalte sind für diese Menschen relevant und diskussionswürdig. In unseren Gemeinden und Gremien finden sie Gestaltungsmöglichkeiten und machen Selbstwirksamkeitserfahrungen, sie knüpfen Kontakte und erfahren überwiegend Anerkennung durch die Hauptamtlichen. Im Ehrenamt finden sie einen Ausgleich zu ihrem Arbeitsleben bzw. ihrem Lebensalltag. Sie gehören zum Kern der Gemeinde und tragen die Kirche verbindlich; und zwar nicht nur solange es Freude bereitet, sondern auch, wenn es mal anstrengend oder ärgerlich ist. Ich bin immer wieder beeindruckt, mit welcher Frustrationstoleranz Kirchenvorsteherinnen und Kirchenvorsteher ausgestattet sind und auch in schwierigen Situationen bei der Sache bleiben.

Ich glaube, diese Gruppe von Menschen haben wir in den letzten Jahren deutlicher wahrgenommen. Wir haben gelernt, dass Ehrenamt anspruchsvoll ausgestaltet sein und professionell begleitet werden muss. Die Landeskirche hat eine Ehrenamtsakademie begründet und beispielsweise die Ausbildung von Prädikantinnen und Prädikanten wird immer wieder nachgefragt, obwohl sie ein hohes Engagement der Beteiligten verlangt und alles andere als „niedrigschwellig" ist. Die Zeiten der klassischen „Helferschaft" haben wir hinter uns gelassen. An dieser Stelle empfinde ich die KMU V als Rückenwind für unsere Arbeit.

Viel schwieriger ist die Gruppe der sogenannten *Indifferenten* zu erfassen. Diese Gruppe gibt es ja innerhalb der (Noch-)Mitglieder und außerhalb der kirchlichen Mitgliedschaft. Laut Definition sind die „Indifferenten" geprägt „durch fehlendes religiöses Wissen, fehlende Erfahrung mit religiösen Praktiken und das Gefühl, dass Religion für das eigene Leben nicht gebraucht wird" (KMU V). Zu Recht ist darauf hingewiesen worden, dass sich unter diesem Begriff eine höchst inhomogene „Gemeinde" findet („Keine Herde von Gleichgültigen", Zeitzeichen 6/2014).

Bevor wir uns also der Frage zuwenden können, ob wir für sie wichtig sein könnten, müssen wir zunächst – aus rein praktischer Sicht – zur Kenntnis nehmen: Die Gruppe der Indifferenten kennen wir wenig (ich meine damit nicht, dass es kein Datenmaterial gäbe, sondern die persönliche Kenntnis). Das ist vielleicht zugespitzt formuliert, aber ich möchte es noch weiter zuspitzen, indem ich frage: Wollen wir diese Menschen überhaupt kennenlernen? Möglicherweise werden wir empört oder mindestens pflichtschuldig „Ja, selbstverständlich!" antworten.

Aber finden wir denn als kirchliche Mitarbeitende im normalen Gemeindedienst überhaupt intensivere Sozialkontakte mit Menschen, denen Kirche völlig fremd und für die Religion keine Option ist? Natürlich begegnen wir ihnen am Rande von Kasualien und bei anderen Gesprächsgelegenheiten. Aber kennen wir sie so, dass wir sie hinreichend verstehen? Gehören sie zu unserem erweiterten Freundeskreis?

Ich meine, wir sollten als kirchliche Mitarbeitende bewusst nach Möglichkeiten suchen, mit Menschen in Kontakt zu kommen, die ein Leben jenseits unserer eigenen kirchlichen Selbstverständlichkeiten führen (mit Sicherheit wird der eine oder die andere dies natürlich schon tun).

Für wen sind wir wichtig?

Eigentlich können wir das nicht wirklich entscheiden. Wir bestimmen doch auch gerne selbst, was oder wen wir für wichtig halten. Also sollten das andere auch tun können.

Aber bei „den Anderen" haben wir damit zwei Probleme.

– Das erste in ein gewissermaßen pädagogisches Problem. Als Pädagoge – und ich zähle uns kirchliche Mitarbeitende zu dieser Profession – braucht man ja eine Überzeugung von den Verhaltensweisen, die für einen anderen gut wären. Nur, als Erwachsene werden wir nicht gern erzogen und wir finden sie ja selbst schwierig, die Menschen, die sagen: Ich weiß, was für dich gut ist! Jedenfalls dann, wenn wir sie nicht gefragt haben.

– Zum Zweiten gibt es ein theologisches Problem: Unser

Bekenntnis sagt, dass der Glauben an Jesus Christus *heilsnotwendig* ist! Wir erfahren aber in zunehmender Weise, dass sich nicht-religiöse Menschen nicht mehr als defizitär empfinden (und die Studie unterstützt genau diese Wahrnehmung). Wir meinen aber: Sie sind es! Glauben ist unserem Bekenntnis nach nicht nur „spiritueller Mehrwert", sondern eben heilsnotwendig.

Daraus resultiert meines Erachtens die Schwierigkeit unseres Umgangs mit der KMU V. Menschen sagen uns sehr selbstbewusst: Religion ist für mich nicht wichtig. Mit dieser Antwort können wir schwer umgehen, weil uns der Glauben am Herzen liegt, und so trifft sie uns in der Regel auch persönlich.

Aus der menschlichen und theologischen „Unerträglichkeit" dieser Antwort resultiert für mich auch manche Abwehrhaltung gegen einen Teil der Ergebnisse der KMU.

Fragen wir also so: An welchen Stellen erleben wir eine Bedeutsamkeit unserer Angebote für die beschriebenen Gruppen?

Bei den Engagierten habe ich die Frage bereits beantwortet. Ihr ganzes Engagement sagt mir: Kirche ist mir wichtig. Aber auch unter den Distanzierten erlebe ich immer wieder, dass wir als Kirche für sie bedeutsam sind.

– Ich erlebe Menschen, die freundlich und interessiert sind an unserem christlichen Glauben. Die Angebote christlicher Kindergärten und Schulen sind bei uns durchaus sehr beliebt (meistens wird es mit den „christlichen Werten" begründet, was auch immer sich Menschen darunter vorstellen).

– Dort, wo wir Menschen die Angst nehmen, sie würden vereinnahmt, überschreiten sie unsere Schwellen. Manchmal sagen wir dann sogar eigentlich unmögliche Sätze wie: „Wir wollen nicht missionieren."

- Und natürlich sind wir gefragt, dann wenn es zu Erschütterungen im Leben von Menschen kommt, wenn es um Leben und den Tod geht. Hier haben Seelsorger eine unhinterfragte Kompetenz.
- Und nicht zuletzt ist für viele Menschen die Anwesenheit von Kirche und die Sorge um „die anderen, die es nötig haben" bedeutsam.

Dabei beobachte ich aber auch:

- Gottesdienstmodelle für die, „die nicht da sind", haben keinen nachhaltigen Erfolg gebracht.
- Die Kraft für eine flächendeckende Geh-Struktur haben wir nicht mehr und sollten uns das auch eingestehen. Aber die Menschen müssen wissen, dass es uns gibt und wo sie uns finden.
- Kirchliche Angebote, die einfach „konsumiert" werden können, führen kaum in die Mitte der Gemeinde.

Nicht alle Angebote können zwingend Menschen in die Mitte der Gemeinde führen, aber die Kirche braucht unabdingbar einen sie spirituell und tatsächlich auch materiell tragenden Kern! Zudem: Ohne Beteiligung kommt es nicht zur nachhaltigen Berührung. Der Reichtum und die Tragfähigkeit des Glaubens erschließen sich nur dem, der sich intensiv darauf einlässt.

Meine Perspektive

Die Kirche wird in Zukunft kleiner und immer mehr Beteiligungskirche statt Volkskirche. In ihr findet der christliche Glaube in seinem Reichtum und seiner ganzen Schönheit statt. Die Gemeinde wird so eine Gemeinschaft der Engagierten, die in ihrer Größe und ihrer Wirksamkeit dem Bild vom Salz der Erde und dem Licht der Welt entspricht.

Diese Gemeinde hält das Evangelium sichtbar vor.

Diese Gemeinde fragt sich selbst und andere Menschen im Geiste von Jesus Christus: Was willst du, dass ich für dich tun soll? (Mk 10,51). Sie weiß dabei, dass sie nicht alle Bedürfnisse von Menschen erfüllen kann, aber sie wird geben, was ihr selbst gegeben ist.

Sie lebt im tiefsten Sinne in Rufbereitschaft für Gott und die Menschen.

Der Pfarrberuf und seine
Bedeutung für die Kirche

Eberhard Hauschildt

Die Kirche ist das Pfarramt

(Nicht nur) theologische Herausforderungen für das Pfarrbild

Pfarrer und Pfarrerinnen sind wichtig. Wie wichtig sind sie genau? Sind sie zu wichtig – so dass eine „Pastorenkirche" besteht, die einer katholischen Priesterkirche zu ähnlich ist und zu wenig evangelische Kirche von unten ist? Sind sie so wichtig, dass die Kirche mit der Zahl der (Gemeinde-)Pfarrstellen steht und fällt?

Pfarrerinnen und Pfarrer werden weniger wichtig. Sie werden weniger wichtig in der Gesellschaft, wenn der prozentuale Anteil der Kirchenmitglieder in ihr sinkt. Werden sie weniger wichtig auch in der Kirche, wenn man landauf landab seine Hoffnungen in das Ehrenamt setzt und wenn Pfarrerinnen und Pfarrer nicht mehr die einzigen sind, die ordiniert werden können oder predigen können sollen?

Mit diesen Fragen im Hintergrund ist es interessant zu prüfen, welches Bild über die Pfarrerinnen und Pfarrer des Jahres 2012 in der V. Kirchenmitgliedschaftsuntersuchung festgehalten ist.[1] Wie wichtig sind Pfarrer/innen genau, wofür sind sie wichtig und wofür weniger wichtig? Inwiefern stimmt der Satz „Die Kirche ist das Pfarramt" und inwiefern stimmt er nicht?

---

1 Evangelische Kirche in Deutschland (Hrsg.), Engagement und Indifferenz. Kirchenmitgliedschaft als soziale Praxis. V. EKD-Erhebung über Kirchenmitgliedschaft, Hannover 2014. Die im Haupttext in Klammern gesetzten Seitenverweise beziehen sich auf diese – zusätzlich auch im Internet veröffentlichte – Broschüre zur Erstauswertung.

1. Pfarrerinnen und Pfarrer sind bekannt

Ich beginne dazu zunächst mit einer Beobachtung, die über die Daten der Untersuchung hinausgeht. Alle in Deutschland wissen, was ein Pfarrer, eine Pfarrerin ist. Jeder, aber wirklich jeder kennt Pfarrer, deutlich weniger Pfarrerinnen – und zwar aus dem Fernsehen. Sie gehören zum Arsenal der Nebenfiguren in Liebesfilmen und Krimis und sonstigen Spielfilmen: Fast kein Hochzeits-Liebes-Happy-End und fast kein letzter Abschied am Grab, ohne dass sie auch erscheinen. Für das beliebte Modell der Fernsehserienheldinnen und -helden, die als Träger eines Berufs gezeigt werden, eignet sich auch der pastorale Beruf. Meist geht es um andere Berufe, solche, bei denen man in Kriminalfällen ermittelt, sehr beliebt sind auch die Ärzteserien. Aber auch die Tätigkeit eines Pfarrers lässt sich phantasieren als Erzählung des idealen Menschen, bei dem noch Alltag und Beruf, Privates und Berufliches zusammen den Stoff für interessante Storys ergeben. Vor nicht allzu langer Zeit gab es ja einmal einen richtigen Boom an Pfarrerserien, auch mal mit Pfarrer*in*. Der Pfarrerroman war zwar ein Genre des 19. Jahrhunderts, doch auch in der Gegenwartsliteratur werden Pfarrerdarstellungen fortgeführt.[2] Pfarrer und Pfarrerin sind insoweit weiterhin die *Vorzeigeprotestanten, eine Variante für das Bild des guten Menschen überhaupt*. Und das schließt aber auch ein: Sie liefern die Folie für eine Erfahrung aus der Realität oder den in Medien berichteten Skandalen: Die sind auch nicht besser, und darum dann, wenn die Projektion desillu-

---

2   Vgl. dazu Rainer Paasch-Beeck, „Trinken Pastoren Cola?" Pastoren in der deutschen Literatur nach 1945 [Literaturbericht], in: Pastoraltheologie 2013, 168–197.

sioniert wird, gelten sie als eigentlich viel schlimmer als alle anderen.

Pfarrerinnen und Pfarrer sind aber auch noch anders bekannt in der Kirche. Mehr als *drei Viertel der Gemeindeglieder kennen welche*, haben sie aus der Nähe gesehen (77 %, S. 96). Und zwar bestimmte: Es sind *Gemeindepfarrerinnen und -pfarrer*, es sind nicht die in überregionalen Funktionen, es sind auch nicht die in den kirchenleitenden Positionen (dazu weiter unten mehr). Nicht wenige Gemeindeglieder haben im letzten Jahr mit Pfarrerinnen oder Pfarrern *gesprochen*: 44 % aller Gemeindeglieder. Die Zahlen dazu haben im Laufe der Jahre abgenommen (105 Anm. 7). Es gibt aber auch fast ein Viertel der Kirchenmitglieder, die keinen Pfarrer und keine Pfarrerin im letzten Jahr aus der Nähe gesehen haben, schon gar nicht mit ihnen gesprochen (96).

Zeigen die Zahlen etwas für die Kirche Erfreuliches oder für die Kirche Unerfreuliches an? Belegen sie, dass Pfarrer/innen für die Kirchenmitglieder in der Schlüsselrolle sind oder dass sie es nicht sind? Kirchenverantwortliche würden sich natürlich Zahlen mit noch mehr Kontakt wünschen, aber wäre das realistisch? Ob das Ergebnis als ein gutes oder ein Enttäuschendes zu werten ist, lässt sich gar nicht so leicht entscheiden, bzw. eine dementsprechende Aussage verrät mehr über den Interpreten als über die Zahlen.

Schauen wir uns also weitere Daten an. Erstmals wurden in dieser KMU V auch offene Fragen gestellt, also ohne schon vorgegenebene Antwortmöglichkeit, aus der man auswählen muss. So als erstes die Frage: „Was fällt ihnen ein, wenn sie ‚evangelische Kirche' hören?" Am häufigsten, *in 20 % der Fälle, fallen den Mitgliedern Gottesdienste ein*, und zwar Kasualien. In 19 % auch andere besondere Gottesdienste, wie natürlich Heiligabend, aber auch Ostern oder Familiengottesdienste. Sodann gibt es bei 17 % der Antworten Verweise auf Religion/Spiritualität überhaupt. Vorstellungen von Gemeinschaft oder Zusammenhalt fallen 10 % der Mitglieder ein, Pfarrerinnen und Pfarrer aber werden da nur in 4 % der Fälle genannt (33 f.). Das sieht nicht nach der These aus: „Die Kirche ist das Pfarramt". Genauer: Es lässt sich die These nur aufrechterhalten, wenn man zuvor gesagt hat: Die Kirche – das ist die Kasualie Gottesdienst; die Kirche – das ist Religion, und dann auch noch zuvor: die Kirche – das ist Gemeinschaft.

Fragt man nun aber – so die zweite offene Frage –: „Fällt Ihnen eine Person ein, die Sie mit der evangelischen Kirche in Verbindung bringen?", dann werden Pfarrerinnen und Pfarrer genannt, in 20 % der Fälle eine konkrete Person, der man begegnete. Die Liste der „Promis" sieht dabei so aus: an der Spitze Martin Luther mit 30 %, dann kommt lange erst mal nichts, dann mit 13 % Jesus, dicht gefolgt von Margot Käßman mit 10 % und danach Joachim Gauck mit 8 % (32). Die Bischöfe und Bischöfinnen der Landeskirche oder auch der aktuelle Ratsvorsitzende werden nicht genannt.

Nimmt man die Beobachtungen so weit zusammen, dann lässt sich sagen: Pfarrerinnen und Pfarrer sind nicht *die* Kirche, aber sie sind *das personale Gesicht der Kirche*. Und zwar vor allem diejenigen Pfarrerinnen und Pfarrer, die man als Gemeindepfarrer/in vor Ort bzw. als Pfarrer/in in Kasualien und anderen Gottesdiensten erlebt.

Zur Beruhigung derer in kirchenleitender Funktion: Es geht den Mitgliedern in der Kirche nicht anders als uns allen, von denen wahrscheinlich ein großer Anteil Mitglied im ADAC ist. Ich weiß, der Vergleich hinkt ein wenig, aber ist doch nicht ganz von der Hand zu weisen. Uns ADAC-Mitgliedern fällt, wenn das Stichwort ADAC gegeben wird, natürlich die Situation der Autopanne ein, und wir haben alle schon erlebt, was die gelben Engel vor Ort am eigenen Auto tun.

Aber wie heißt der Vorsitzende des ADAC? – wir wissen es nicht. Das muss nicht bedeuten, dass diese Person und die Vorsitzenden der jeweiligen Unterbezirke auf der Ebene der Bundesländer unwichtig sein müssen für die Abläufe im ADAC.

Zur Beunruhigung für die Evangelischen mit Verbundenheit zur reformierten Tradition und für die Unierten Kirchen: *Calvin und Zwingli* spielen für die Mitglieder keine Rolle. Zur Beunruhigung oder zur Beruhigung für uns alle: Die bekanntesten und insoweit auch wichtigsten zeitgenössischen evangelischen Personen auf nationaler Ebene sind eine *Ex-Bischöfin und Buchautorin* sowie ein *beurlaubter Pfarrer im hohen politischen Amt.*

2. Typen der Kirchenmitgliedschaft und Typen der Beziehung zur Gemeindepfarrerin / zum Gemeindepfarrer sind kongruent

Untersucht man das Antwortbehalten der Mitglieder genauer, dann zeigt sich: Die drei großen Grundtypen von Kirchenmitgliedschaft, die sich in jeder KMU seit 1972 erneut bestätigen, bilden sich auch in der Beziehung zum Pfarrer/ zur Pfarrerin ganz analog ab:

a) Zum Typus der Kirchennähe mit hoher Kirchenverbundenheit, vergleichsweise häufigem Gottesdienstbesuch und auch sonstiger aktiver Teilnahme gehört der Kontakt mit der Kirche. Menschen, die Sprechkontakt mit dem Pfarrer haben, fällt dann auch, wenn sie frei Personen der evangelischen Kirche assoziieren sollen, fast doppelt so häufig wie dem Durchschnitt der Mitglieder ein (Gemeinde-)pfarrer/eine (Gemeinde-)pfarrerin ein (99).

b) Zum Typus der *Kirchenbeziehung in stabiler Halbdistanz* gehört das Merkmal, den Pfarrer / die Pfarrerin vor allem zwar getroffen zu haben, in Kasualien und Gottesdiensten, ihn also reden gehört zu haben, aber nicht selbst nun mit ihm ein Gespräch geführt zu haben. Bei denen mit Kenntnis des Pfarrers / der Pfarrerin, aber ohne Sprechkontakt, überwiegen denn auch deutlich die Zahlen für mittlere Verbundenheit mit der Kirche (vgl. 99).

Beide Gruppen (a und b) haben gemeinsame Merkmale: Zu 95 % kommt für sie ein Austritt aus der Kirche nicht in Frage oder zumindest letztlich nicht in Frage (99). Auch von denen mit Kenntnis ohne Sprechkontakt gehen – nach eigener Einschätzung – über 80 % zumindest gelegentlich in den Weihnachtsgottesdienst (101). Auch haben sie ganz ähnliche hohe Werte für ein Gefühl der Verbundenheit spezifisch mit der Ortsgemeinde. Es gehen immerhin noch ein Drittel von ihnen vor allem gelegentlich in den Oster- oder Karfreitagsgottesdienst – wenigstens so nach den eigenen faktisch deutlich übertriebenen Auskünften.

Doch es gibt noch weitere Unterschiede: *Gemeinschaft und, was man Glaube nennt, häufiger Gottesdienstbesuch und Aktivitäten in der Gemeinde spielen bei den Kirchenmitgliedern, die Pfarrerinnen oder Pfarrer bloß vom Sehen kennen, durchschnittlich eine deutlich geringere Rolle* als bei denen mit Sprechkontakt.

c) Die, die überhaupt keinen Kontakt mit Pfarrerinnen oder Pfarrern haben, sind erwartbar eindeutig auch in anderer Hinsicht die *Kirchenfernsten* unter den Mitgliedern.

Also lässt sich sagen: Pfarrerinnen und Pfarrer sind wichtig vor allem für die, für die die Kirche wichtig ist. Wer häufig und aktiv in der Gemeinde engagiert ist, redet natürlich auch mit den Pfarrerinnen und Pfarrern, und wer die Kirche mehr nur aus Gottesdiensten zu besonderen Anlässen kennt, kann sich dabei natürlich auch ein Urteil vom Pfarrer/der Pfarrerin bilden aus dem, was sie sagen und wie sie im liturgischen Kontext handeln. Wenn Kirchenleitung und Pfarrverbände allerdings daraus direkt eine personalpolitische Richtlinie ableiten würden, dass die parochialen Pfarrer/innen die wichtigen und die überparochialen die unwichtigen seien und dass pastorale Hauptamtlichenstellen immer gegenüber anderen kirchlichen Hauptamtlichenstellen vorgezogen werden müssten, würde man die Befunde nicht genau genug zur Kenntnis nehmen.

3. Face-to-face mit der Pfarrerin bzw. dem Pfarrer/in

Pfarrerinnen und Pfarrer sind wichtig, weil sie das Gesicht der Kirche sind. Sie personalisieren, auch gegenwärtig, die Evangelischen wie keine anderen sonst. Nun sind freilich die jüngeren Debatten geprägt vom drohenden Pfarrermangel und der Debatte um Regionalisierung / nichtparochiale Kirche versus Parochie. Von denen, die für Konzentration auf Parochie und Gemeindepfarramt plädieren, dafür, dass es mit den Pfarrerinnen und Pfarrern bleibt so wie bisher, wird gerne das Argument der Bedeutsamkeit eines Kontaktes – wie es dann heißt – „face-to-face" mit den Gemeindepfarrern vor Ort angeführt.

Zu dieser Debatte liefert die KMU V interessantes Material. Gesicht der Kirche sein – das beschreibt eindeutig auch die gegenwärtigen Verhältnisse. Aber es ist hier deutlich zu differenzieren zwischen gewissermaßen verschiedenen Arten des Face-to-Face. Pfarrerinnen und Pfarrer sehen und reden hören oder auch selbst mit ihnen sprechen ist nicht das Gleiche. Und es stellt sich auch die Frage, worüber denn gesprochen wird. Wird mehr Face-to-Face-Kontakt mit ihnen von den Mitgliedern selbst eigentlich gesucht und gewünscht?

Zunächst ein paar Vorüberlegungen dazu, wie denn ein Face-to-Face-Kontakt tatsächlich wirken mag. Wessen Worte ich kenne, über den kann ich mir ein besseres, ein eigenes Bild machen. Wenn ich weiß, dass es sich um einen Pfarrer / eine Pfarrerin handelt, dann wird daraus ein Dual aus Sinnbild der Kirche und individueller Pfarrperson – mit gegenseitigen Verweisungen. Und die gehen in beide Richtungen. Wir sahen ja schon oben: Wer Kirche wichtig findet, findet Pfarrer/innen wichtig, und wer Pfarrer/innen wichtig findet, findet Kirche wichtig. Schwer zu entscheiden und zu messen ist, ob die Wirkung von dem Pfarrerkontakt auf das Kirchenverhältnis oder mehr vom Kirchenverhältnis auf den Pfarrerkontakt geht. Und was mag passieren, wo Pfarrerin und Kirche in der Wahrnehmung auseinanderfallen? Wie wirken sich besonders schlechte und wie besonders gute Erfahrungen mit pastoralen Individuen aus? Enttäuschung mit einem Pfarrer oder einer Pfarrerin kann ein maßgeblicher Anlass dafür sein, sich darum nun auch von der Kirche überhaupt enttäuscht abzuwenden. Das wird vermutlich stärker wirken, je weniger Pfarrer man kennt und je weniger die Kirche. Beim umgekehrten Fall aber ist es anders: Wenn trotz Kirchenferne die eine Pfarrerin, der eine Pfarrer sich als eine Person erweist, mit der man erstaunlicherweise wunderbar reden kann, wird das vermutlich, wenn man wenig sonstigen Kontakt zu Kirche und Pfarrpersonen hat, häufiger so interpretiert: Dieses einzelne Pfarrindividuum wird gewertet als die Ausnahme von der Regel – interessant zwar, aber es ändert nicht das allgemeine Urteil. Von daher ergibt sich ein interessanter Schluss: Eine Pluralität an Kontakten zu verschiedenen Pfarrerinnen und Pfarrern dürfte sich insoweit eher von Vorteil als von Nachteil für das Kirchenverhältnis erweisen. Die Begegnung immer wieder mal mit anderen Personen im Pfarramt hilft, Einzelerfahrungen besser einordnen zu können. Die Fixierung auf den einen (Gemeinde-)Pfarrer bringt in dieser Hinsicht gerade keinen Vorteil.[3]

Dreierlei Face-to-Face-Kontakt ist, wie die Daten der KMU zeigen, zu unterscheiden:

Face-to-Face 1: den Pfarrer/die Pfarrerin reden hören:
Gegenwärtig gilt für drei Viertel der Mitglieder, dass sie solche Erfahrungen zumindest immer wieder einmal haben (s. o.). Das stützt in der Breite die Kirchenmitglieder. Von einem plötzlichen Krisenszenario ist hier nichts zu sehen, nichts von Polarisierung in zwei gleich große Gruppen mit extremer Nähe und extremer Ferne, nichts von einer Masse der Indifferenten, nichts von einem qualitativen Umschlag. Keine Anzeichen dafür, dass eine Säkularisierungsthese von der Art stimmt, für einen maßgeblichen Teil der stabil zur Kirche Gehörenden sei das Ende gekommen, weil es nicht durch ständige wöchentliche soziale Kontakte mit der Kirchengemeinde abgestützt sei. Nichts von einem radikalen Säkularisierungsschub, wie bislang nie dagewesen. Nichts auch von einem Ende eines angeblich nur von den Liberalen erfunden Musters stabiler Halbdistanz.[4]

---

3 Das bedeutet nun allerdings nicht einfach: Je mehr Kontakt mit der Pfarrerin / dem Pfarrer, desto besser. Die Qualität der Kontakte kann, aber muss nicht mit der Quantität übereinstimmen. Spitzenerlebnisse an Qualität, aber auch Extremerlebnisse an Unfähigkeit werden als gewichtige Erfahrung erinnert. Diejenigen, die ständig mit Pfarrerinnen und Pfarrern zu tun haben, wissen aus ihren vielen Kontakten meist auch sehr genau, wie sehr es unter den Geistlichen menschelt – überhaupt nicht weniger als bei anderen Menschen.

4 Die Sätze wenden sich gegen Deutungen in der Rezeption der Kirchen-

Face-to-Face 2: mit dem Pfarrer/der Pfarrerin reden:
Hier zeigt sich: Kirche braucht Persönlichkeiten, die für die
Kirche vor Ort stehen: nur Käßman und nur Gauck aus dem
Fernsehen – das reicht nicht aus im Alltag. Dass es vor Ort Kirche gibt, die aus Menschen besteht, die nicht nur konsumie-
ren und hören, sondern sich auch anders austauschen, sich
miteinander treffen, das ist alles andere als überflüssig. In
einer Gesellschaft weltanschaulicher Pluralisierung kann die
Aufrechterhaltung dessen, worin man sich als evangelische
Minderheit (und alle in Deutschland gehören mittlerweile
zu einer jeweiligen religiös-konfessionellen oder sonstigen
weltanschaulichen Minderheit) von anderen unterscheidet,
kann erst nur in Gruppen mit personalen Beziehungen aus-
gebaut werden.[5] Auf Du und Du mit der Pfarrerin/dem Pfar-

mitgliedschaftsstudie dergestalt, es sei in den letzten zehn Jahren zu einem Sprung an Kirchendistanz gekommen, es habe eine überraschende
Verschärfung der Lage stattgefunden, es sei nachgewiesen, dass bisherige
Deutungen sich als falsch erwiesen haben. Die Daten des weiterhin beste-
henden Sichtkontakts mit den Pfarrerinnen und Pfarrern bei der großen
Mehrheit widerlegen allein natürlich solche Deutungen nicht, zeigen aber
immerhin an einem Einzelthema, dass zum Bild auch Phänomene von
Stabilität hinzugehören. Kirche als Institution wird, in Wahrnehmung der
tatsächlichen Deinstitutionalisierungsvorgänge, mittlerweile m. E. gerade
auch von manchen in der Kirche deutlich unterschätzt (zum kirchentheo-
retischen Hintergrund einer Beschreibung der Stärke der Kirche als Institution vgl. Eberhard Hauschildt / Uta Pohl-Pataolong, Kirche. Lehrbuch
Praktische Theologie, Bd. 4, Gütersloh 2013, 157–181.

5   Hierin liegt eine Kritik an solchen Strömungen in der Praktischen Theologie, bei denen man sich ganz auf das Dual von Institution öffentlicher
Kirche und auf die Religion der Individuen konzentriert und ein auffälli-
ges Schweigen darüber besteht, die Leistungen der Sozialform der Gruppe
zu thematisieren. Dass innerkirchliche Gruppen und Bewegungen für die
Kerngemeinde und viele Pfarrer/innen eine wichtige Rolle spielen und
in manchen Kirchenidealen als die einzige angemessene Sozialform von

rer – das ist ein Baustein darin. Flottierendes Christentum kommt nicht ohne Traditionsbildung und Gepflogenheiten aus, und dafür bietet der Austausch mit dem Gesicht der Kirche vor Ort einen maßgeblichen Baustein. Religion gibt es nicht als Lebensform an sich, sondern sie setzt sich aus einzelnen glaubensmotivierten Sitten zusammen. Insofern gilt: Nie waren Kommunikation und soziale Ausrichtung zur Aufrechterhaltung von Evangelisch-Sein so wichtig wie heute.

Face-to-Face 3:
Mit dem Pfarrer über Religion / Sinn des Lebens reden
Mit wem reden Menschen über Religion oder den Sinn des Lebens? Die Daten der KMU sind sehr deutlich (vgl. S. 24–32): 1. Man tut dies nicht ständig, sondern eher sehr selten. 2. Wenn man es tut, dann nicht vorrangig mit Pfarrerinnen und Pfarrern – ja, in 20 % der Fälle schon –, sondern vor allem mit dem Lebenspartner / der Lebenspartnerin (deutlich weniger mit anderen in der Familie) – oder man tut es vorrangig mit Freunden und Bekannten, denn diese werden besonders wichtig, wenn man keinen Lebenspartner hat.

Spiegelbildlich dazu verhält sich die Art der Kontakte, die Pfarrerinnen und Pfarrer mit ihren Gemeindegliedern haben. In der Regel haben diese nicht spezifisch seelsorglichen Charakter – oder wenn doch, dann allermeist im Umfeld der Vorbereitung der Kasualrede und bei zufälligen Gesprächen mit alltagsseelsorglichem Charakter. Die intensiven Seelsorgegespräche face-to-face machen bei denen im Gemeindpfarramt keinen großen Teil ihrer Tätigkeit aus, liegen unter 5 % (so das Ergebnis einer Selbstdokumentation

---

Kirche gelten, ist dafür kein Ersatz. Zum Hintergrund und als Plädoyer für mehr Forschungen, die in der praktisch-theologischen Debatte bislang dazu fehlen, vgl. den Abschnitt „Kirche als Bewegung und die aktive Gruppe", in: Hauschildt /Pohl-Patalong, a.a.O., 138–157.

der Arbeitszeit von Pfarrerinnen und Pfarrern).[6] Ganz anders ist das bei Pfarrerinnen und Pfarrern in bestimmten funktionalen Tätigkeiten, in der Krankenhausseelsorge und der Notfallseelsorge; ähnlich sieht es in der Telefonseelsorge aus, dort durchgeführt von exzellent ausgebildeten Ehrenamtlichen. Es wünschen übrigens auch nur 30 % der Mitglieder den Gesprächskontakt mit dem Pfarrer oder der Pfarrerin (S. 13). In der Einleitung der KMU-Studie wird diese Sachlage m. E. richtig gedeutet, wenn es heißt: „Diese Kommunikationsform sollte nicht überschätzt werden." Und: „Es sind nicht die Seelsorgegespräche, es sind aber auch nicht die persönlichen Kontakte im Gemeindehaus, sondern es sind ganz überwiegend öffentliche Auftritte, in denen der Pfarrer und die Pfarrerin als Person wahrgenommen und zum Repräsentanten der Kirche werden" (ebd.).

So pluriform ist das Kirche-Sein der Pfarrer/innen. Weder die eine These, die meint, es käme nur auf das Pfarramt als öffentliche Institution an, noch die andere, es gehe eigentlich nur um den Seelsorger, noch auch eine, die meint, es gehe vorrangig um den geselligen Kontakt, bildet die Lage adäquat ab. Keines solcher Ideale kann die jeweils anderen ersetzen.[7]

6　Dieter Becker, Empirische Ergebnisse und berufssoziologische Erkenntnisse. Arbeitszeiten im heutigen Pfarrberuf, in: Deutsches Pfarrerblatt 2010 (110), 80–85, hier 83 f., auf der Basis von: Dieter Becker / Karl-Wilhelm Dahm / Friederike Erichsen-Wendt (Hrsg.), Arbeitszeiten im heutigen Pfarrberuf – Empirische Ergebnisse und Analysen zur Gestaltung pastoraler Arbeit, Frankfurt a. M. 2009.

7　Hier besteht m. E. ein sachlicher Zusammenhang dazu, in der Kirche überhaupt die Ideale von Kirche als Volkskirche, Kirche als Gruppe und Bewegung sowie Kirche als Organisation nicht gegeneinander auszuspielen, sondern Kirche sozial und organisationstheoretisch als ein „Hybrid" aus durchaus konträren Logiken zu verstehen (vgl. Hauschildt / Pohl-Patalong, Anm. 4, 216–219).

4. Zur Bedeutung derjenigen, die nicht Pfarrer/in sind

Diejenigen Kirchenmitglieder, die in vielfältigem Kontakt mit der Kirche sind, die im Sprechkontakt mit Pfarrer / Pfarrerin stehen, haben typischerweise deutlich überdurchschnittlich häufig auch Gesprächskontakt mit anderen *Personen, die in der Kirche beruflich tätig* sind (102 f.). Es sind hingegen diejenigen, die im weiteren Gemeindeleben neben Kasualien und einzelnen Gottesdiensten nicht involviert sind, die, welche gewissermaßen nur die Pfarrerinnen und Pfarrer als Personen aus der Kirche wahrnehmen (103).

Doch das bedeutet nicht, dass die Pfarrerkontakte die entscheidendsten für die Kirchlichkeit sind. Wenn man danach fragt: Welche spezielle Beziehung ist diejenige, die am wahrscheinlichsten mit der gelebten und gefühlten Kirchlichkeit von Gemeindegliedern übereinstimmt, dann ist dies – aller Rede von religiöser Wahl und religiösem Markt zum Trotz – immer noch eindeutig die Beziehung zu den als religiös erlebten *Eltern*, bei denen man aufgewachsen ist. Religiöse Primärsozialisation ist weiterhin viel stärker wirksam als der Kontakt mit dem Pfarrer.

Und wenn es darum geht, mit wem man ein Gespräch über Religion und über den Sinn des Lebens führt, dann ist es wieder nicht der Pfarrer, den man mehrheitlich sehr wohl erreichen könnte, wenn man wollte – man weiß ja, dass es ihn gibt –, sondern dann sind es eben der *eigene Partner/ die eigene Partnerin und auch die besten Freunde*, an die man sich wendet (s. o.).

Auch da ist also nichts von einer Pastorenkirche zu sehen. Meistens redet man mit anderen über Religion und tauscht sich aus und lässt sich beraten über existentielle Fragen und hatte von anderen das Kirchlichsein erlernt. Allerdings: Viele meinen auch, sie würden gar nicht über Religion und über existentielle Fragen reden. In solchen Fällen ist es *eben wiederum doch der Pfarrer/die Pfarrerin*, auf die man etwa bei Kasualien treffen mag, die davon in der Kirche, im Gottesdienst reden. Pfarrerinnen und Pfarrer wenigstens *reden ziemlich garantiert davon,* ob man sie darum bittet oder nicht.

5. Auswirkungen der Trends auf eine Kirche mit weniger Pfarrer/innen

Was wird aus diesem Bild werden, wenn es erheblich weniger Pfarrerinnen und Pfarrer geben wird? Ich fasse unter diesem Gesichtspunkt die Daten und meine Interpretationen zusammen:

Zur Beruhigung: Die besonders stark auf das Kirchenverhältnis und für existentielle Fragen sich auswirkenden Gespräche werden ohnehin nicht mit Pfarrerinnen und Pfarrern geführt. Und die öffentliche Wahrnehmung von Pfarrerinnen und Pfarrern als Personen, die die Kirche glaubwürdig repräsentieren, hängt nicht vor allem an der Häufigkeit der Gelegenheiten, sondern an deren Qualität.

Zur Beunruhigung: Weniger Pfarrer/innen zu kennen, könnte ein Baustein in der Schwächung von intensiver Kirchenbindung sein, wenn es nicht durch andere Gesichter der Kirche vor Ort kompensiert wird. Es könnte auch ein Baustein zur Schwächung der Kirche bei denen in stabiler Halbdistanz sein, wenn es nicht durch qualitativ gute Gottesdienste und Kasualien kompensiert wird, von wem auch immer die geleitet sind.

So ergibt sich ein gemischtes Bild:

Nichtpfarrer/innen, die viel stärker als bisher das Gesicht der Kirche der Zukunft sein können, die *Ehrenamtlichen*, sind einerseits *glaubwürdiger* (sie engagieren sich nicht gegen Bezahlung, sondern in ihrer Freizeit), andererseits tun sie es weniger öffentlich. Sie bringen einerseits einen neuen großen Variantenreichtum an Milieus und Kenntnissen in die Gruppe derer ein, die für die Kirche stehen. Sie sind andererseits *viel weniger steuerbar* darin, was sie wie machen, wie sie es machen, auch ob sie von heut' auf morgen aufhören oder auch, ob sie im Alter viel zu spät aufhören.

Die wenigen Pfarrerinnen und Pfarrer von der Art wie bisher werden noch weniger als sie es jetzt schon sind Seelsorger/innen für alle Gemeindeglieder sein. Sie können aber weiterhin öffentliche Deutung von Glauben, Religion und Kirche mit Qualität darstellen. Sie werden mehr mit Nicht-Pfarrerinnen zusammenarbeiten, und zwar in anderer Weise. Denn die Ehrenamtlichen und anderen kirchlichen Berufe sind nicht mehr da, um die Amtsträger bei ihrer Arbeit zu ergänzen, sondern umgekehrt: *Pfarrer/innen und Pfarrer sind in ihren persönlichen Gesprächskontakten vor allem dazu da, um diejenigen in ihrer Arbeit zu fördern, die die neuen Gesichter* der Kirche in den Dörfern und Ortsvierteln sind.[8]

---

8 Eine veränderte Theorie der Akteure der Kirche, der in den Öffentlichkeiten sie personalisierenden Gesichter der Kirche, steht m. E. an. Solche Theorie sollte nicht mehr ausschließlich vom klassischen Gegenüber von ordiniertem Amt und Priestertum aller Gläubigen aus entwickelt werden, sondern es ist damit das moderne Gegenüber von hauptamtlich-beruflicher Tätigkeit für die Kirche und ehrenamtlicher Tätigkeit zu kreuzen. Vgl. zu dem daraus sich ergebenden Viererfeld: Eberhard Hauschildt, Allgemeines Priestertum und ordiniertes Amt, Ehrenamtliche und Berufstätige. Ein Vorschlag zur Strukturierung verwickelter Debatten, in: Pastoraltheologie 102 (2013), 388–407.

Ihre Arbeit wird denen der Kreisdekane / Superintendentinnen viel ähnlicher werden als bisher.

Ist die Kirche das Pfarramt? Nein, die Gleichsetzung stimmte nie und wird in Zukunft noch weniger stimmen. Aber auch in der Zukunft braucht die Kirche das Pfarramt – nicht, weil es für alles unersetzlich wäre, sondern weil die Kirche eine bestimmte qualitativ hochwertige Berufsausbildung und Kompetenz braucht: die Kompetenz zu Spitzenleistungen in hermeneutisch bewusster Verschränkung von Bibel und Gegenwart bei den besonderen Gottesdiensten und Spitzenleistungen in ökumenischer Übersicht und Fähigkeit zum Dialog mit der Bandbreite christlicher, religiöser und weltanschaulicher Pluralität.[9] Dazu werden die Pfarramtsstudierenden akademisch ausgebildet. Das gibt ihnen auch eine bestimmte Verantwortungsrolle für Leitung und Repräsentation der Kirche in einer symbolischen Figur überhaupt, also in dem, was nicht durch die Synoden und Presbyterien selbst, die die maßgeblichen Entscheidungen fällen, getan werden kann. Für *Hermeneutik, Ökumene und Leitung in diesem Sinne*, aber auch nur dafür, sind solche Pfarrer/innen auch in der Zukunft so geeignet wie keine anderen sonst. Wenn es sie nicht gäbe, müsste die Kirche sie erfinden. Nicht an jedem Kirchturm wird sich noch ein Pfarrer, eine Pfarrerin der bisherigen akademischen Art[10] finden,

---

9   Vgl. dazu ausführlicher: Eberhard Hauschildt, „Zu wenig" Pfarrerinnen und Pfarrer für „normale Gottesdienste". Ein Plädoyer für ein verändertes Bild vom Pfarramt der Zukunft, in: Deutsches Pfarrerblatt 114 (2014), 315–319.

10 Ich gehe davon aus, dass, wie sich mit der Ordination von Prädikanten schon anzeigt, in der Zukunft vermehrt andere Personen als die bisherigen Pfarrer/innen in gottesdienstliche Leitungsrollen einrücken werden. Ja, es werden auch andere die Erlaubnis erhalten, das bisherige Gemeindepfarramt zu bekleiden, in das sie dann auf einem anderen Weg, etwa

aber solche Pfarrerinnen und Pfarrer werden als Gesicht der Kirche für die kirchlichen Regionen der Zukunft eine zentrale Rolle spielen – und können diese auch dann spielen, wenn sie wenige sind. Dazu stellt eine gute organisatorische Gestalt der Kirchenkreise eine kaum unterschätzbare Hilfe dar. Wenn Landeskirchen und Gemeinden den wenigen vollakademisch ausgebildeten Pfarrerinnen und Pfarrern der Zukunft gute Arbeitsbedingungen bieten wollen, sind von ihnen und von den Pfarrerinnen und Pfarrern der Gegenwart dazu passende organisatorische Hausaufgaben zu erledigen.

So haben die Ergebnisse der Kirchenmitgliedschaftsuntersuchung ihre Leistung darin, was generell die Leistung empirischer Daten zu sozialen Phänomenen ausmacht:[11] Sie widerlegen bestimmte Behauptungen in der allgemeinen Debatte und in prominenten Konzeptionen; solche Vorstellungen, die die Zentralstellung der Pfarrer/innen gegenüber den anderen Akteuren übertreiben ebenso wie solche, die ihre Bedeutung als Pastor und Pastorin für die Kirche untertreiben. Umgekehrt nimmt die empirische Forschung dem kirchlichen Handeln nicht die Entscheidung darüber ab, (praktisch-)theologisch und pragmatisch begründet das Profil für den pastoralen Beruf der Zukunft herauszuarbeiten – neben dem, was Ehrenamtliche und solche in anderen

---

über einen an einen anderen Beruf anschließenden theologischen Master gelangen. Damit ergibt sich – horribile dictu – eine Spreizung im Pfarramt in einen Clerus minor und Clerus major, je nach Umfang und Tiefe der theologischen Ausbildung (siehe auch dazu den in der vorigen Anm. genannten Artikel).

11 Vgl. ausführlich dazu Claudia Schulz, Empirische Forschung als Praktische Theologie. Theoretische Grundlagen und sachgerechte Anwendung, Göttingen 2013.

kirchlichen Berufen besser können als die Pfarrer/innen, und im Mix der unterschiedlichen Arbeitsfelder und Ebenen der Kirche.

Annette Muhr-Nelson

Der Pfarrberuf wandelt sich – aber wohin?

Respons zu: Eberhard Hauschildt, Die Kirche ist das Pfarramt –
(Nicht nur) theologische Herausforderungen für das Pfarrbild

Mit welchem Erfahrungskontext vor Augen stelle ich hier einige Beobachtungen der sogenannten „mittleren Ebene" zu den von Eberhard Hauschildt vorgetragenen Thesen zum Pfarrberuf vor? Ich bin seit zehn Jahren Superintendentin in einem mittelgroßen Kirchenkreis in Westfalen. 87.000 Gemeindeglieder, 13 Gemeinden, 34 Gemeindepfarrstellen, 13 kreiskirchliche Pfarrstellen, davon 9 Schulpfarrstellen, zusätzlich 12 in den Kirchenkreis eingewiesene Pfarrerinnen und Pfarrer in unterschiedlichen Dienstverhältnissen, teils Gemeinde, teils Funktion. Ich bin hauptamtliche Superintendentin. Wie die rheinische Kirche ist auch die westfälische presbyterial-synodal aufgebaut, d. h. wir haben eine starke mittlere Ebene bei gleichzeitig hoher Entscheidungskompetenz bei den Gemeinden. Die Leitungsherausforderung des Superintendentenamtes besteht darin, beide Ebenen miteinander in der Balance zu halten.

Aus dieser Situation heraus ergeben sich für mich folgende Anmerkungen:

1. „Pfarrer sind wichtig für die, für die Kirche wichtig ist."

Wir begehen in diesem Jahr in Westfalen 40 Jahre rechtliche Gleichstellung von Theologinnen und Theologen. Aus diesem Anlass gibt es zur Zeit in unserem Kirchenkreis eine Ausstellung „Frauen im Pfarramt". Die eindrucksvollen Porträts zeigen die 30 momentan in unserem Kirchenkreis aktiv tätigen Pfarrerinnen.

Von ihnen sind 13 in einer Gemeinde tätig, 9 davon als Pfarrstelleninhaberin, 8 in einer Schule, 2 davon mit zweitem Fach[1], 3 in der Krankenhausseelsorge (ohne Pfarrstelle), 2 im landeskirchlichen Institut für Aus-, Fort- und Weiterbildung, 1 im Frauenreferat (keine Pfarrstelle), 1 als Militärseelsorgerin (Sonderpfarramt) und 1 als Superintendentin.

Zum Vergleich: von den 36 Pfarrern sind 27 in der Gemeinde, davon 25 in einer Pfarrstelle tätig, 3 in einer Schulpfarrstelle, 1 als Schulreferent (Pfarrstelle), 1 im landeskirchlichen Institut für Kirche und Gesellschaft (Pfarrstelle) und je 1 ohne Pfarrstelle in der Erwachsenenbildung, der Trauerarbeit, der Altenheimseelsorge und der Notfallseelsorge.

Das Verhältnis parochial zu funktional beträgt also bei den Frauen 13 zu 17, bei den Männern 27 zu 9.

Auf unserer letzten Synode haben wir der Gleichstellung der Theologinnen und Theologen gedacht, und unsere Präses hat dazu beim Eröffnungsgottesdienst gepredigt. Am Tag darauf haben wir ein neues Konzept für die parochial-synodale Aufgabenteilung diskutiert. Die Berichterstattung dazu zeigte ein großes Bild von unserem Stadtkirchenpfarrer beim Motorradgottesdienst und die Bildunterschrift: „Der Kirchenkreis schafft neue Strukturen, damit die Pfarrer sich wieder stärker ihren Kernaufgaben zuwenden können." Das Thema Frauenordination und das Ereignis des Präsesbesuchs erschienen nur klein am Rande.

---

1 Latein – das war ein Umschulungsprogramm der EKvW, um Theologinnen und Theologen ohne Stelle Alternativen aufzutun. Sie sind ordinierte Pfarrerinnen, arbeiten aber jetzt als Lehrerinnen und werden auch vom Land bezahlt.

Ich will damit zwei Dinge sagen:
- Das klassische Pfarrbild orientiert sich am männlichen Vollzeit-Gemeindepfarrer, der möglichst öffentlichkeitswirksam agiert.
- Der Pfarrberuf wird weiblicher und damit vielfältiger.

Der Pfarrberuf verändert sich und differenziert sich stärker aus. Es gibt bei Frauen wie bei Männern unterschiedliche Teilzeitmodelle, geteilten Dienst (Gemeinde und Funktion) und Zusatzaufträge sowie Sonderpfarrämter. Im Sinne des Diversity Management sind Pfarrerinnen also wichtig für unsere Kirche.

In Bezug auf die These von Professor Hauschildt: „Pfarrer sind wichtig für die, für die Kirche wichtig ist", ergibt sich daraus jedoch ein Bündel von Fragen:
- Werden Frauen im Pfarrberuf in gleicher Weise wahrgenommen wie Männer?
- Erreichen wir mit der Vielfalt von Stellenzuschnitten und Arbeitsbereichen mehr Menschen (Überwindung der Milieuverengung) oder geht damit die gesellschaftliche Akzeptanz der Kirche eher zurück, weil sie diffundiert?
- Liegt die Zukunft des Pfarramtes in der Vielfalt oder legt die KMU eher klare Rollenzuschreibungen nahe?

2. „Pfarrer (und Pfarrerinnen) sind das Gesicht der Kirche"

Die Frage, wie wir als Kirche wahrgenommen werden, darf nicht die Frage nach unserem Auftrag verdrängen. Zunächst muss die Frage „Wer wollen wir als Kirche sein?" geklärt werden, dann muss über die Diskrepanz von Anspruch und Wirklichkeit gesprochen werden.

Dazu ein kleiner Exkurs in die aktuelle pastoraltheologische Debatte:

Unser Auftrag ist die Kommunikation des Evangeliums. Diese geschieht in dreierlei Weise:
- reden über Gott – erzählen, predigen
- reden mit Gott – beten, singen, Abendmahl feiern
- reden von Gott her – heilen, segnen, helfen.[2]

Unter „Reden" wird dabei nicht nur Kommunizieren über das Medium der Sprache, sondern das ganzheitliche Reden mit Herzen, Mund und Händen verstanden. Daran sind viele beteiligt, nicht nur die Theologinnen und Theologen. In die Kommunikation als Methode sind auch die anderen kirchlichen Berufe und leitende Ehrenamtliche einzubeziehen, ebenso wie alle Handlungsfelder von der Diakonie über die Kirchenmusik bis zu Religionspädagogik und Verwaltung.

Dabei braucht es die theologische Kompetenz, um das „Speichermedium Evangelium" zu interpretieren.

Was bedeutet vor diesem Hintergrund die Aussage: „Pfarrerinnen und Pfarrer sind das Gesicht der Kirche"?

Sie werden zunächst äußerlich wahrgenommen, mit ihrem Auftreten, Lebensstil, ihrer Lebensweise und -form. Das Bild der Kirche wird geprägt durch die Wahrnehmung von Pfarrerinnen und Pfarrern als öffentliche Personen. Ob sich jemand der Institution anvertraut, hängt entscheidend davon ab, ob Pfarrerinnen und Pfarrer glaubwürdig und vertrauenswürdig erscheinen. Dann ist es auch möglich, hier in existentiellen Fragen Zutrauen zu finden und über Religion und den Sinn des Lebens zu sprechen.

Es scheint also von Vorteil zu sein, eine Fülle unterschiedlicher Erfahrungen machen zu können, denn so wird mangelnde Qualität in der Erfahrung mit einem/einer Einzelnen

---

2 So etwa Christian Grethlein, Praktische Theologie, Boston/Berlin 2012.

relativiert, und es besteht die Chance, über die Vielfalt von kirchlichen Angeboten auch eine Vielfalt von persönlichen Zugangsmöglichkeiten zu schaffen.

3. Die weniger werdenden Pfarrer/-innen werden stärker öffentlich arbeiten

Wir werden in Zukunft weniger Pfarrerinnen und Pfarrer zur Verfügung haben als bisher. Die starken Jahrgänge gehen in absehbarer Zeit in den Ruhestand. Die Zahlen der heutigen Vikariatskurse betragen in NRW nur noch 10 % der Zahlen in den Achtzigerjahren. Wir versuchen in Westfalen damit umzugehen, indem wir Schlüsselzahlen definiert haben: eine Gemeindepfarrstelle pro 3000 Gemeindeglieder, eine Funktionspfarrstelle pro 25.000 Gemeindeglieder.

In unserem Kirchenkreis liegt der Durchschnitt noch bei 1 zu 2700, aber deutlich spürbar ist schon, dass die Pfarrerinnen und Pfarrer herausgefordert sind, ihre Rollen neu zu definieren. Da wirkt die KMU entlastend, denn die vielbeschworene „Beziehungsarbeit" scheint nicht so prägend zu sein, wie oft vermutet. Wohl sind die Intensität und Qualität des Kontaktes zur Pfarrperson wichtig, aber nicht die Häufigkeit und Kontinuität über einen langen Zeitraum. Vielmehr scheint es von Bedeutung zu sein, einen Pfarrer / eine Pfarrerin von öffentlichen Auftritten her zu kennen, um bei Bedarf an die Kirche heranzutreten.

Die Pfarrerin, der Pfarrer der Zukunft wird also m.E. weniger in Einzelkontakten seelsorglich arbeiten und kaum noch Zeit für die Betreuung von Gruppen und Kreisen aufwenden können. Vielmehr wird er bzw. sie Wert darauf legen müssen, bei öffentlichen Auftritten als vertrauenswürdige und geistlich gegründete Person und Repräsentant von Kirche wahrgenommen zu werden. Das verschiebt die Ansprüche an Ausbildung und Qualifizierung von Theologinnen und Theologen.

Pfarrerinnen und Pfarrer müssen stärker daran arbeiten, sich als Personen des öffentlichen Lebens zu inszenieren. Dazu gehören gottesdienstliche Kompetenz und liturgische Präsenz, aber auch Medienkompetenz und Netzwerkarbeit.

Letzteres ist noch sehr wenig bei uns ausgeprägt. Der Ansatz „Moderatorenrolle im Quartier" versucht in diese Richtung zu denken und beschreibt eine neue Rolle für Pfarrerinnen und Pfarrer. Er wurde entwickelt von Ralf Kötter[3], Gemeindepfarrer im Kirchenkreis Wittgenstein. Kötter orientiert die Moderatorenrolle am Leitbild der Inkarnation und begründet sie mit der Rechtfertigungslehre. Das Evangelium entfaltet sich ganzheitlich hinein in alle Bezüge des Lebens. Es wendet sich an die Bedarfe der Zeit und die Herausforderungen der Räume. – Konkret heißt das, die Kirchengemeinde arbeitet mit allen vor Ort vorhandenen Einrichtungen und Institutionen zusammen, um für die Bedürfnisse der Menschen sinnvolle und lebensdienliche Lösungen zu finden. So ist sie Volkskirche – Kirche für das Volk. Kirche ist präsent in allen Lebensbezügen, schafft Vertrauen, wird wahrgenommen. Daraus wächst auch die Nachfrage nach Begleitung in existentiellen Lebensfragen.

4. Geistlich gegründet und visionär Kirche/Gemeinde leiten

Pfarrerinnen und Pfarrer müssen in Zukunft stärker als bisher als geistlich gegründete Persönlichkeiten ihre Lei-

---

3   Ralf Kötter, Das Land ist hell und weit. Leidenschaftliche Kirche in der Mitte der Gesellschaft, Berlin 2014.

tungsaufgaben wahrnehmen. Leiten heißt visionär vorausschauen und Mitarbeitende motivieren, Schritte ins Unge-
wisse zu gehen. Das ist sowohl in der Gemeinde als auch in
den Arbeitsbereichen eines Kirchenkreises, im Kirchenkreis
wie in den Landeskirchen und der EKD die einzig adäquate
protestantische Form von Leitung. Wir brauchen wieder
mehr Pfarrerinnen und Pfarrer, die geistlich gegründet und
visionär Kirche/Gemeinde leiten!

Was kann man konkret tun, damit das nicht nur ein from-
mer Wunsch bleibt? Wir im Kirchenkreis Unna haben jetzt
erstmals einen Pfarrkonvent „geistliches Leben" durchgeführt. Dazu sind wir mit 20 Personen aus der Pfarrschaft für
vier Tage ins Kloster Bursfelde gefahren. Die Gruppe bestand
aus sehr unterschiedlichen Kolleginnen und Kollegen in
Bezug auf theologische Prägung, persönlichen Frömmig-
keitsstil und Arbeitsgebiet. Wir haben an den vier Tagesge-
beten teilgenommen, jeden Morgen zusammen Abendmahl
gefeiert und exegetisch und mit Bibliodrama- und Biblio-
log-Elementen an biblischen Texten gearbeitet. Diese Zeit
wurde bei aller Verschiedenheit einhellig als stärkend erlebt.
Es wuchs daraus eine regelmäßige Abendmahlsfeier im
Kollegenkreis sowie der Wunsch nach einer Verstetigung
solcher Angebote.

Das Bedürfnis nach geistlichem Leben ist groß. Dahinter
steckt auch das Bedürfnis nach Unterstützung bei der Aufgabe der geistlichen Leitung. Und es steckt die Erfahrung
oder zumindest die Ahnung dahinter, dass die Zukunftsauf-
gaben der Kirche nur gemeinschaftlich zu lösen sind. Der Kirchenkreis als mittlere Ebene hat daher nicht nur Strukturpro-
zesse zu gestalten, sondern auch eine Plattform anzubieten,
wo Pfarrerinnen und Pfarrer in der konkreten Gemeinschaft
ihres Kirchenkreises Theologie treiben und geistliches Leben
erproben. Im Vollzug entsteht dabei ein stärkeres Zusam-

mengehörigkeitsgefühl, die Verantwortung für den Kirchenkreis als Ganzes wird gestärkt, Solidarität und gegenseitige
Entlastung werden eingeübt, und – so jedenfalls meine Hoffnung – der Widerstand bei so manchem Strukturprozess löst
sich auf.

Ein kleiner Schritt auf einem weiten Weg, zugegeben.
Aber wenn Pfarrerinnen und Pfarrer sich damit abfinden
müssen, dass Kirche immer unglaubwürdiger wird, sie aber
persönlich immer stärker im Rampenlicht stehen, wie sollen sie ihren Dienst dann weiter fröhlich und mit Ausstrah-
lungskraft tun, wenn sie nicht die Stärkung durch das Evangelium und die Schwestern und Brüder leibhaftig erfahren?

Kirche reformieren – aber wohin?

Thies Gundlach

Erste Folgerungen aus der
V. Kirchenmitgliedschaftsuntersuchung

Erste handlungsleitende Deutungen aus den Ergebnissen der V. KMU „Engagement und Indifferenz. Kirchenmitgliedschaft als soziale Praxis" 2014 vorzutragen, ist schon mutig, weil viele Ergebnisse noch gar nicht abschließend vorliegen. Dennoch sollen zuerst die vorliegenden Ergebnisse eingezeichnet werden in Fragen der weiteren Reformbedürftigkeit unserer Kirche, sodann werden einige spezifische Beobachtungen der V. KMU festzuhalten sein, um in einem letzten Schritt einen Vorschlag zu machen, worauf sich das weitere Nachdenken im Blick auf mögliche Handlungskonsequenzen konzentrieren sollte. Es sind insgesamt zwölf Thesen.

1. Keine grundstürzenden Neueinsichten – wohl aber neuer Realismus

These 1: *Der Reformprozess von Kirche der Freiheit 2006 war zu zuversichtlich angelegt.*
Die Ergebnisse der KMU V können und werden natürlich auch auf der Folie der in fast allen Landeskirchen Anfang des Jahrhunderts angestoßenen Reformprozesse gelesen; was hat der „Reformstress" nun gebracht? Allerdings kann niemand eine Evaluation vorlegen, denn einmal ist die Zeit zwischen Beginn des Reformprozesses und Wahrnehmung von Wirkungen viel zu kurz; zum anderen steht jede Evaluation vor der kategorialen Schwierigkeit, dass es keine Vergleichs-

gegend gibt. Niemand kann belastbar sagen, was ohne die faktisch je erheblichen Veränderungen geworden wäre, es fehlt sozusagen die „Placebo-Gegend". So bleibt, die in der IV. KMU 2003 wahrgenommene Situation unserer Kirche zehn Jahre später mit der in der V. KMU erhobenen zu vergleichen, um Kontinuitäten und Veränderungen zu beschreiben, um daraus zuletzt Handlungsoptionen abzuleiten.

Sieht man von den Vermittlungs- und Kommunikationsproblemen ab, die das Impulspapier „Kirche der Freiheit" 2006 innerkirchlich ausgelöst hatte, und nimmt man die Korrekturbereitschaft hinzu, die bald nach der ersten Kritikwelle bei den engagierten Vertreterinnen dieses Reformkurses einsetzte,[1] dann wird man im Rückblick sagen können, dass es vor allem *eine „überschießende Hoffnung" war, die „Kirche der Freiheit" Mühe macht(e)*. Damals, in den Jahren 2004/2005, als die Schrift als Reaktion auf die IV. KMU entworfen wurde, dominierte tatsächlich die Überzeugung, dass es eine „Wiederkehr der Religion" gäbe, die auch den Kirchen zugutekommen könnte. Es gab die hoffnungsfrohe Überzeugung, auch „gegen den Trend" wachsen zu können, die Taufquote zu steigern, die Zahl der Landeskirchen zu konzentrieren, 5 % aller Einnahmen in die Aus-, Fort- und Weiterbildung zu investieren u. a. m. Damals schien ein „Fenster der Gelegenheit" für einen missionarischen Aufbruch mittels einer klugen, durchaus auf Effektivität und Qualität setzenden Reorganisation groß zu sein. Es zeigte sich aber, dass es doch kein Panoramafenster war, sondern eher ein Küchenfenster. Der Reformprozess kann 15 Jahre später keine Wundergeschichten erzählen! Ein generelles „Wachsen gegen

---

1 Die Diskussion um das Impulspapier „Kirche der Freiheit" spiegelt sich im Aufsatzband Kirchenamt der EKD (Hrsg.), Kirche im Aufbruch. Schlüsseltexte zum Reformprozess, Leipzig 2009.

den Trend" ist nicht gelungen, gegen Demographie, Säkularisierung und Individualisierung ist „kein Kraut gewachsen". Natürlich kann man im Nachhinein die Ziele als zu hoch angesetzt kritisieren, aber es bleibt doch zuerst kummervoll für die gemeinsame Sache, dass die Skeptiker Recht bekommen haben und nicht die Hoffnungsvollen.

These 2: *Die Reformperspektiven und Handlungsstrategien von „Kirche der Freiheit" werden im Grundsatz durch die V. KMU als sinnvoll bestätigt.*
Jenseits des Hoffnungsüberschusses wird man auch nach der Lektüre der V. KMU sagen können und müssen, dass die in „Kirche der Freiheit" 2006 beschriebenen wesentlichen Herausforderungen und Therapievorschläge weder überholt noch erledigt sind. Viele der in den sogenannten Leuchtfeuern verpackten inhaltlichen und organisatorischen Reformideen behalten auch nach der KMU V Bestand und sollten weiterverfolgt werden; exemplarisch seien aufgezählt:

– Die Stärkung der Mittleren Leitungsebene als sogenannte „organisatorische Ermöglichungsebene" für gemeindliche Arbeit ist unbestritten der von fast allen Landeskirchen eingeschlagene Weg, um eine Vielzahl von Gemeindeprofilen und Kompetenzen vorzuhalten.

– Die Schlüsselrolle der Pfarrer/innen wird ebenso bestätigt wie die Notwendigkeit unerlässlicher Qualifikationsbemühungen der Arbeit vor Ort. Die Einrichtung von EKD-weiten Qualifizierungszentren gerade für den Bereich der Kernkompetenzen und Schüsselaufgaben hat sich bewährt und wird darum ungeachtet einiger Korrekturen und Neupositionierungen verlängert.

– Die Bedeutung des ehrenamtlichen Engagements in Kirche und Gesellschaft wird imposant bestätigt; das uncharmante Wort von dem „Sozialkapital", das die Kirche der Gesellschaft zur Verfügung stellt, braucht sich wahrlich nicht zu verstecken.

– Die wachsende Kampagnenfähigkeit der evangelischen Kirchen gerade im Blick auf das Jubiläumsjahr 2017 erweist sich als sinnvolle, aber auch notwendige Schlüsselkompetenz. Denn die öffentliche Präsenz von Kirche und Theologie bleibt eine zentrale kommunikative Herausforderung.

Der Reformprozess der evangelischen Kirche insgesamt und speziell die Reformschrift „Kirche der Freiheit" haben nicht die erhofften (quantitativ-missionarischen) Erfolge gezeitigt, dennoch bleibt die Notwendigkeit von Reformen auf der Line der bisherigen Reformanstrengungen auch nach den Einsichten der V. KMU unabweisbar. Denn nüchtern muss man hinzufügen, dass die Ergebnisse der V. KMU keinerlei Anlass bieten für die Vermutung, dass die Herausforderungen der Kirche gänzlich andere geworden seien und die Notwendigkeit der Reorganisation kirchlicher Strukturen abgeschlossen sein könnte. Die evangelische Kirche gerät mittelfristig nur dort in einen echten „Reform-Stress", wo die notwendigen Reformen nicht oder zu zögerlich angegangen werden.

These 3: Die V. KMU bestätigt die Säkularisierungstheorie darin, dass der Relevanzverlust der Kirche in der Gesellschaft kontinuierlich weitergeht.

Die Rahmenbedingungen sind keineswegs besser geworden: Die evangelischen Kirchen verlieren weiterhin Jahr für Jahr ca. 90.000 Mitglieder (ca. 140.000 zu 50.000, das sind etwa 60–70 Gemeinden pro Jahr), weniger durch Austrittswellen, sondern ganz überwiegend durch die demographische Entwicklung. Die Kirchen werden weiterhin ärmer, älter und kleiner, auch wenn das Geld gegenwärtig angesichts der guten Konjunkturlage noch „gegen den Trend sprudelt". Unbestreitbar haben die Kirchen es mit einer verfestigten Konfessionslosigkeit zu tun, die sich strukturell ebenso „vererbt" wie die verfestigte Kirchenmitgliedschaft, allerdings begleitet von dem besorgniserregenden Umstand, dass in den jüngeren Jahrgängen die Erfahrung der und die Bereitschaft zur religiösen Erziehung kontinuierlich abschmilzt – bis auf einen Bestand von unter 25 % eines Jahrganges. Auch wird man eingestehen müssen, dass die verschiedenen missionarischen Aufbrüche, Unternehmungen und Ideen, die spätestens seit der Missionssynode Leipzig 1999 initiiert wurden und die weithin die innere Plausibilität der Reorganisation ausmachten, nicht den Erfolg verzeichnen können, der ihnen gewünscht wurde. Viele missionarische Bemühungen erweisen sich als Motivationsbewegung für Engagierte und sind darin durchaus wertvoll; nennenswerte (Wieder-)Eintrittszahlen (gerade von den in den Siebziger- und Achtzigerjahren Ausgetretenen) sind aber leider nicht zu verzeichnen, obgleich man sich über jeden einzelnen Neugewonnenen nur freuen kann. Mit dem kontinuierlichen Rückgang der Mitglieder geht auch unvermeidlich ein schleichender Relevanzverlust einher, der sich u.a. in den vielen Gesellschaftsdebatten über Staatsleistungen und Kirchenvorteile, über den Status des Religionsunterrichts an den Schulen oder dem der Theologie an den Universitäten zeigt. Vor allem aber legt sich dieser Relevanzverlust gleichsam geistlich-mental auf die „Seele unser Kirche", auch weil er faktisch beständig in kleinen Münzen ausgezahlt wird: Weniger regionale Beachtung, weniger gottesdienstliche Beteiligung, weniger ehrenamtliche Bereitschaft, mehr vergebliche Einladungs- und Angebotskultur, mehr Mühe, Kirchenälteste zu finden usw. Natürlich kennt jede/r immer auch Gegenbeispiele – Gott sei Dank –, aber am mentalen

Trend ändert dies nichts. Deswegen bin ich davon überzeugt, dass dies eine Kernbotschaft der V. KMU ist: Während die Reorganisation der Strukturen mit den Mühen der Ebene durchgeführt werden (muss), die einer jeden Großorganisation eigen sind, steht „eine geistlich-mentale Reorganisation" noch aus. Zugegeben, dies ist keine schöne Formel, aber im Kern lautet die Herausforderung: Wie werden wir „fröhlich kleiner" (Axel Noack)? Wie werden wir organisatorisch kleiner, ohne geistlich enger zu werden? Wie schaffen wir den Übergang von einer selbstverständlichen Mehrheitskirche zu einer „Großkirche mit beschränktem Einfluss", ohne mental depressiv zu werden?

2. Wahrnehmungen

Neben der Kontinuität zur IV. KMU finden sich einige Beobachtungen in der V. KMU, die besondere Aufmerksamkeit verdienen. Sie zu verstehen und zu interpretieren als eine gemeinsame Bewegung der Veränderung ist als eine zentrale Herausforderung der V. KMU.

These 4: *Die Privatisierung und Existentialisierung religiöser Themen ist eine Chance der öffentlichen Theologie, nicht ihre Gefährdung.*
Die *Kommunikation religiöser Themen* gehört laut der V. KMU offenbar zu den intimsten und privatesten Dingen, die es gibt. Sie wird – wenn sie denn überhaupt stattfindet – vor allem in der Partnerschaft und unter guten Freunden geführt; auch die Familie ist ein guter Ort, weniger dagegen ist es die Gemeinde oder das Gespräch mit dem Pfarrer / der Pfarrerin. Dies zeigt sich einerseits in der geringen Bereitschaft, die öffentliche Person des Pfarrers / der Pfarrerin für

religiös-seelsorgerliche Gespräche zu beanspruchen, dies zeigt sich andererseits in den religiös relativ wenig kommunizierenden Gemeinden. Man kann dies als Verlegenheit der Christen gegenüber den tradierten Inhalten deuten,[2] man kann aber auch die signifikante Verschiebung bei der Antwort auf die Frage beachten, welche Themen von den Kirchenmitgliedern als religiös erkannt werden. Gerade wenn man auch die früheren KMUs berücksichtigt, wird deutlich, dass *existentielle Themen* wie Lebensanfang und -ende, wie Weltentstehung und Lebenswege, wie Sinn- und Beziehungsfragen stärker als religiöse Themen erkannt werden als gesellschafts- oder sozialpolitische Themen. Auch in der V. KMU wird also der alte Grundsatz bestätigt, dass die fernerstehenden Kirchenmitglieder klassischere Themen erwarten. Aber natürlich gibt es hier kein Entweder-Oder, auch weil sowohl von existentiellen wie von politischen Themen erwartet wird, dass die Kirche sie als öffentliche Themen kommuniziert. Aber mit der Intimisierung der religiösen Kommunikation wächst auch das Bedürfnis nach Existentialisierung religiöser Themen. Die existentiellen Themen sollen von der Kirche durchaus öffentlich angesprochen werden, aber sie wollen dann in aller Regel privat besprochen werden. *Die Kirche ist Repräsentantin religiöser Themen, nicht aber Partnerin der religiösen Kommunikation der Themen.*

These 5: *Die Gauß'sche Normalverteilung in der Verbundenheit zur Kirche legt ein „Ende des liberalen Paradigmas" in keiner Weise nahe.*
Nicht zuletzt durch den Titel „Engagement und Indifferenz" hat sich eine Deutung der V. KMU angebahnt, die unter dem Stichwort *„Polarisierungen"* diskutiert wird. Gemeint ist,

---

2   Der Spiegel, 07.06.2014, 58 ff.

dass es an den Rändern der Verbundenheit zur Kirche auf-fällige Verdichtungstendenzen gibt: So steigt einerseits die Zahl der Hochverbunden von 9 auf 14 %, andererseits die Zahl der religiös indifferenten Mitglieder von 14 auf 19 %. Die wachsende Zahl der Hochverbundenen verweist wohl auf eine Ausdifferenzierung, die spiegelbildlich zu den seit etwa 15 Jahren einsetzenden Profilierungsbemühungen der Gemeinden und kirchlichen Orte passt. Die vielfach ange-schobene Pluralisierung von Profil-, Leuchtturm- oder The-mengemeinden entspricht einer Ausdifferenzierung der Hochverbundenen, die zugleich je aus ihrem Kontext heraus klare Erwartungen an „ihre Kirche" entwickeln. Konservative Gemeinden erwarten konservative Werteprofilierung, poli-tisch engagierte Gemeinden erwarten prophetische Rede, musikalisch profilierte Gemeinden erwarten angemessene Förderung der Kultur usw. Kirchenleitungen werden sich zunehmend bewusst machen müssen, welche Positionie-rungen in welchem Teilmilieu von Hochverbundenen wie aufgenommen werden. Die wachsende Zahl der indiffe-renten Kirchenmitglieder ist – im Unterschied zu früheren Untersuchungen – seltener austrittsgeneigt; eine genauere Analyse der Gründe steht allerdings noch aus.

Wahrgenommen werden muss allerdings, dass die Kon-ventionalität der Zugehörigkeit zur Kirche neues Gewicht bekommt, da dieser Grund der Zugehörigkeit als individuelle Entscheidung mit neuem Selbstbewusstsein vorgetragen wird. Wichtiger erscheint darum die Tatsache, dass nach wie vor die übergroße Mehrheit aller Kirchenmitglieder (nämlich 67 %) der Kirche in „mittlerer Verbundenheit" zugewandt ist, d. h. ihre soziale Praxis hat die Form einer distanzierten, also gelegentlichen und anlassbezogen aktivierten Verbunden-heit. Diese große Gruppe kennzeichnet eine nur situative Teilnahme an den kirchlichen Regelangeboten, sie steht für eine Inanspruchnahme kirchlicher Festzyklen, Amtshandlungen und Rituale, für eine würdigende Wahrnehmung der öffentlichen Person des / der Pfarrer / in, – und sie ist der wesentliche Finanzier der Kirche. Es wäre geradezu leichtsinnig, diese Form der distanzierten Kirchlichkeit zu desavouieren als ein zu Ende gehendes „liberales Paradigma". Natürlich muss genauer darüber nachgedacht werden, wie sich die öffentliche Theologie bzw. die Kirche ins Verhältnis setzt zu dieser Mehrheit; aber die Strategie einer noch stärkeren „Verkirchlichung" dieser Verbundenheit scheint eher das Gegenteil zu erreichen. Denn für die große Zahl der kirchlich lockerer Verbundenen verstärkt eine protestantische Variante des „Extra ecclesiam nulla salus" eher die Indifferenz. „Kirchliches Overdone" – sei es dogmatisch, moralisch-normativ oder organisatorisch – als Handlungsstrategie führt zur Verstärkung der Indifferenz, weil die Selbstbezüglichkeit der kirchlichen Aussagen und Aktivitäten diese irrelevanter erscheinen lassen.

These 6: Öffentlich präsent ist die evangelische Kirche vor Ort als Pfarrer- / Pfarrerin-Kirche.
Pfarrer / innen als öffentliche Personen entfalten die stärksten Bindungskräfte und sind in dieser „Schlüsselrolle" weder durch Prädikanten oder andere Ehrenamtliche noch durch Repräsentanten der Kirchenkreise, Landeskirchen oder der EKD zu ersetzen. Pfarrer / Pfarrerinnen sind aus der Perspektive der Mitglieder der „Schlüsselberuf" der evangelischen Kirche, auch wenn diese Außenperspektive auf die Kirche intern zu erheblichen Diskussionen um das Kirchenbild und Selbstverständnis der Berufsgruppen, dem „Priestertum aller Getauften" und speziell der zukünftigen Bedeutung des Ehrenamtes führen. Als Richtschnur aber kann der Satz gelten, dass, wer den/die Pfarrer/in (namentlich oder

nicht) kennt, in aller Regel der Kirche treu bleibt und keine Austrittsneigung hat. Gerade bei Jahresfesten, bei Amtshandlungen und gesellschaftlich veranlassten Gelegenheiten haben sie zentrale Präsentationsmöglichkeiten, die das Bild der evangelischen Kirche wesentlich mitbestimmen. Zugleich steigt die Erwartung an die Qualität der pastoralen Arbeit. Die Untersuchungen haben ergeben, dass zwar kein Kirchenmitglied als „Kunde" bezeichnet werden will, dass aber eine zunehmende Zahl sich exakt so verhält (F. Fendler). Auch ist der Wunsch nach Mitgestaltung der jeweiligen Feierformate ungleich selbstverständlicher geworden; liturgische Flexibilität ist ebenso gefordert wie theologische Reflexion, entsprechend dem Grundsatz: „Wünsche nicht eliminieren, sondern interpretieren". Zuletzt zeigt die V. KMU aber auch ein deutliches Bild auf, nach dem es einen Zusammenhang gibt zwischen regelmäßigen Gottesdienstbesuch und Glaubensaussagen: Je häufiger jemand zur Kirche geht, desto klarer äußert sich sein Glaube als soziale Praxis, nicht nur inhaltlich in Form der Zustimmung zu dogmatischen Aussagen, sondern auch formal im höheren sozialen Engagement und größerem Vertrauenspotential. Dieser Zusammenhang zwischen Glaube und intensiver Mitgliedschaftspraxis ist eng, aber nicht verengt, denn nur ein Drittel aller häufig zum Gottesdienst gehenden Mitglieder begrüßen eine wörtliche Auslegung der Bibel; die 14 % hochverbundenen Kirchenmitglieder sind in sich also wiederum hoch differenziert. Die Frage aber, welche Bedeutung dieser enge Zusammenhang zwischen Kirchlichkeit und Religiosität hat, muss noch weiter geklärt werden, wenn er mehr aussagen soll als die unbestreitbare Tatsache, dass derjenige, der die Kirche intensiver nutzt, auch mehr von ihren Inhalten hält, denn dies dürfte für jede intensive Praxis in jeder Institution gelten.

These 7: Die Weitergabe des Glaubens an die nächste Generation stockt in allen (Glaubens-)Milieus.

Die evangelische Kirche ist überaltert, besser „unterjüngt";
umso konzentrierter muss sich der Blick auf die Weitergabe
des Glaubens an die nächste Generation und / oder an die
Konfessionslosen richten. Die religiöse Sozialisation – so
die Ergebnisse der V. KMU – gehört in die Familie, wobei *ein
erweiterter Familienbegriff* unerlässlich ist, um die Vielfalt
heutiger Lebensformen im Blick zu behalten. Aber wenn
religiöse Sozialisation gelingt, dann wird sie in aller Regel in
allerfrühster Zeit grundgelegt. Mit den immensen Anstrengungen im Bereich der frühkindlichen Religionspädagogik
liegen die Kirchen also im Grundsatz richtig, eine Intensi-
vierung der religionspädagogischen Kompetenz erwies sich
als sinnvolle Strategie. Gleichwohl bleibt, ausweislich der
Daten der V. KMU, die Frage bedrängend, ob nicht Wege und
Formate zu entwickeln sind, Familien noch früher zu unterstützen in der religiösen Sozialisation, in der Klärung der
Taufbereitschaft und in der christlichen Lebensgestaltung.
Mitunter beschleicht einen der Eindruck, dass die weit verbreitete Delegation religiöser Erziehung an die „Profis der
Kirche" zu einem unguten Zuständigkeits- und Kompetenz-
verlust der Eltern bzw. Familien geführt habe; eine Stärkung
der religiösen Autonomie der Eltern bzw. Familien erscheint
als Gebot der Stunde. Diese Konsequenz liegt auch deswegen nahe, weil eine lebensgeschichtlich spätere Glaubens-
entwicklung eher seltener gelingt. Zwar gibt es jährlich etwa
20.000 Wiederaufnahmen und 18.500 Erwachsenentaufen,
aber es macht doch sehr nachdenklich, dass gemäß V. KMU
das missionarische Zeugnis der Kirche wenig nachweisbare
Wirkungen zu entfalten vermag. Es gilt der Grundsatz: Wer
einmal weg ist, bleibt in der Regel weg, da helfen alle nach-
gehenden Bemühungen kaum. Ein missionarischer Impuls

gelingt dort, wo charismatisch begabte Personen Ausstrahlung und Überzeugungskraft entwickeln, – Gott sei Dank gibt es dies immer wieder. Aber Evangelisierung oder Missionierung als systematisch angelegte Handlungsweise gelingt nur im begrenzten Maße, im Grunde gibt es „kein Rezept" gegen den beständigen Glaubens- und Relevanzverlust in der Gegenwart. So wenig man das missionarische Handeln der Kirche einstellen kann und will – immerhin ist es gemäß Matthäus 28 ein Auftrag des Herren selbst –, so wichtig ist eine klare Evaluation der Anstrengungen, die zwar als Motivation der innerkirchlich Engagierten durchaus Sinn machen, aber eben kaum Wirkung nach außen zeigen.

These 8: *Die V. KMU bestätigt die Individualisierungsthese darin, dass das Christentum außerhalb der Kirche „sprachloser" wird.*

Nimmt man zuletzt noch die vielen Hinweise der V. KMU auf die wachsende Indifferenz gegenüber religiösen Themen nicht nur in der Gesellschaft, sondern auch innerhalb der Kirche ernst, entsteht das Bild *einer Polarisierung*, in der die wachsenden Hochverbundenen einer kommunikativ verstummten Gruppe gegenüberstehen. Religiöse Themen werden gleichsam nur noch schüchtern im privaten Kreise angesprochen, zugleich aber ist man irgendwie froh, dass es öffentliche Repräsentation des Religiösen in Gestalt von Gemeinden und Pfarrer/innen gibt, nicht zuletzt, weil die Kirche als „Produzent von Sozialkapital" ja auch „Gutes tut". In dieses Bild fügt sich auch die soziale Praxis der wachsenden Zahl von Hochverbundenen ein, die in aller inhaltlichen Pluralität doch insgesamt konventioneller und kirchlicher werden, also religiöse und kommunikative Sicherheit in den klassischen Formen, Formeln und Formaten finden. Versucht man sich nun einen Reim auf diese Wahrnehmungen der Polarisierung zu machen, dann sind Überlegungen von Reiner Anselm[3] sehr hilfreich. Anselm entfaltet die These, dass mit der Individualisierung der Religion eine religiöse Sprachlosigkeit einhergehe, die gerade die Weitergabe des Glaubens an Kinder und Kindeskinder erschwere. Weil die kirchliche Sprache nicht einfach nachgesprochen werden kann, müssen individuelle Formulierungen für die innersten Überzeugungen gefunden werden – ein nicht ganz einfaches Unterfangen, wie auch jeder Prediger / jede Predigerin weiß. Oftmals – so die These Anselms – verfalle daher die individualisierte Religiosität in eine Sprachlosigkeit, mit einer doppelten Konsequenz: Zum einen wird nur noch im intimen, privaten, freundschaftlich-familiären Bereich über Religion gesprochen, und zum anderen fallen jene, die nicht als „religiös Musikalische" (Max Weber) eine eigene religiöse Sprache finden, in eine Art „Locked-In-Syndrom" religiöser Sprachlosigkeit. Und da man nicht weitergeben kann, was man nicht auszusprechen vermag, steht die familiäre Generationsweitergabe des Glaubens in der Krise.

3. Christliche Lebensformen stärken

These 9: *Ohne soziale Praxis verdunstet das Christentum jenseits der intensiven Mitgliedschaftspraxis.*
Will man nun über diese Feststellungen hinaus die strategische Frage bearbeiten, wie sich die intensive Mitgliedschaftspraxis (14 %) verknüpft mit der großen Gruppe der distanzierten Kirchenmitglieder (67 %), dann steht man

---

3 Reiner Anselm, Ein Land zwischen Kirchendämmerung und Renaissance des Religiösen – Die ambivalente Situation in Deutschland zu Beginn des 21. Jahrhunderts, in: Philipp W. Hildmann / Stefan Rößle (Hrsg.), Staat und Kirche im 21. Jahrhundert, München 2012, 209–223.

klassischerweise vor folgender Alternative: Einerseits kann man die Bemühungen um eine intensivere Mitgliedschaftspraxis forcieren und das nach außen gerichtete missionarische Wirken der Hochverbundenen bestärken. Dazu dienen dann Glaubenskurse und innovative Gemeindeformen, verstärkte religionspädagogische Bemühungen und überzeugendere Gottesdienstformate u. a. m. Man optimiert die Kommunikation des Angebots, eine zweifellos unerlässliche Strategie, die aber im Grunde aus distanzierten Kirchenmitgliedern Hochengagierte zu machen sich bemüht. Andererseits kann man das Bemühen befördern, die distanzierten bzw. indifferenten Kirchenmitglieder so zu interpretieren, dass sie als religiöse Subjekte wahr- und ernstgenommen werden; ihnen wird eine andere als die kirchliche Religiosität bzw. Christlichkeit zugeschrieben, so dass auch hier gilt: Konversion statt Interpretation! Während die erste Strategie einer Verkirchlichung der Distanzierten in aller Regel nur begrenzte Erfolge zeitigt, schreibt die V. KMU der zweiten Strategie die Einsicht ins Stammbuch, dass distanzierte Kirchlichkeit oft nur der erste Schritt zur Indifferenz ist. Spitz gesagt: Distanzierte Kirchlichkeit wird nicht vererbt, sondern überaltert und stirbt aus. Was folgt aus dieser Problemlage?

Hilfreich erscheinen hier Überlegungen des Göttinger Theologieprofessors Martin Laube[4], der die Fragestellungen einer Christentumssoziologie von der der Kirchensoziologie unterscheidet, in der Christentumssoziologie aber die

---

4 Martin Laube, Soziologie des Christentums. Probleme und Potentiale eines theologischen Programms, in: Von der Kirchensoziologie zur Christentumsforschung? Vergewisserungen und Perspektiven nach Luckman. Beiträge von Karl Gabriel und Martin Laube mit einer Einleitung von Thomas Großbölting, Judith Könemann und Astrid Reuter, Preprints and Working Papers of the Center for Religion and Modernity Münster 2014, S. 17–34.

größte Schwachstelle darin erkennt, dass sie zwar ein Christentum außerhalb der hochverbundenen Kirchenmitglieder behaupten konnte, dies aber lediglich als ein (kirchen- und dogmenkritisches) Bewusstseinsphänomen, nicht als konkrete soziale Praxis. Religion sei aber „praxisgebunden; ohne soziale Praxis gibt es auch eine innere Privatreligion" (Martin Laube). Daraus folgert er die Frage, welche soziale Praxis das Christentum jenseits der Hochverbundenheit gefunden habe? Für Laube ist dies die Frage nach „christlich geprägten Lebensformen", wobei der Begriff „Lebensform" ein hoch aufgeladener soziologischer Analysebegriff ist, der wesentlich von Rahel Jaeggi[5] geprägt wurde. *Lebensformen sind ein Ensemble sozialer Praktiken, eingeübter Verhaltensweisen und ritualisierter Haltungen, die das reale Leben prägen.*

Der Begriff „Lebensform" meint immer ein Zugleich von tradierten, überindividuell gültigen Formaten und individueller Aneignung. Es handelt sich bei Lebensformen nicht um Äußerlichkeiten, sondern um gelebte Regelmäßigkeiten, die von einer inneren, gleichsam seelischen Seite getragen werden. Es ist wie beim Lieblingsvergleich der Deutschen, dem Fußball: Es gibt Spielregeln, die den Raum der Möglichkeiten abstecken und erkennbar machen, dass es sich um Fußball (und nicht etwa um Handball) handelt; aber diese Regeln müssen individuell angewandt und umgesetzt werden; das Spiel spielt sich nur durch Spieler. Ebenso ist auch eine christliche Lebensform zu verstehen: Sie gibt es nur in individueller Anverwandlung, aber diese ist erkennbar nach überindividuell tradierten Spielregeln gestaltet. Die tradierten Lebensformen sind weder starr noch ewig, sondern werden durch individuelle Anwendung frei gestaltet; es gibt daher auch weder geschichtlich noch individuell *die eine Lebensform.*

---

5 Rahel Jaeggi, Kritik der Lebensformen, Frankfurt a. M. 2013.

Der Begriff ‚Lebensform' ist keine normative, sondern eine analytische Kategorie, sie ist als *„Problemlösungsinstanz"*[6] zu verstehen, die dann als gelungen gelten kann, wenn sie „als Resultat einer gelungenen Transformationsdynamik"[7] zu übersetzen ist. So komplex die Dynamik sozialer Veränderung und historischer Transformation der Lebensformen im Detail ist, so deutlich kann formuliert werden, dass ein gelungener Transformationsprozess dazu führt, dass „weder gegenwärtige noch zukünftige Erfahrungen blockiert"[8] werden. „Wirklich gelöst ist eine Krise nur, wenn die veränderte Tradition derart in einer Kontinuität mit dem Alten steht, dass man sie (und sich selbst) als Nachfolger dieser spezifischen Tradition verstehen kann"[9]. Dagegen leiden misslingende Lebensformen „an einem kollektiven praktischen Reflexionsdefizit, an einer Lernblockade"[10].

Kann man die Kategorie Lebensform auf christlich geprägte Lebensformen übertragen? Ist es ein strategisch sinnvoller Ansatz, *christliche Lebensformen in ihrer Krisenhaftigkeit und ihrem Transformationspotential genauer zu beschreiben* und – soweit es möglich ist – durch geeignete Maßnahmen der Kirche zu stabilisieren bzw. zu befördern?

These 10: *Lebensformen sind flexibel genug, um individuell gelebt zu werden; sie sind intim genug, um existentiell Stabilität zu eröffnen.*

Die Rationalität christlicher Lebensformen als Problemlösungsinstanzen auf der „Höhe gegenwärtiger Problem-

---

6 Jaeggi, a. a. O., 200.

7 A. a. O., 314.

8 A. a. O., 407.

9 A. a. O., 413.

10 A. a. O., 447.

stellungen"[11] zu entfalten, erscheint zuerst als *eine geistliche Herausforderung* und erst in zweiter Linie als eine organisatorische. Darum soll im Folgenden nicht wiederholt werden, was die Kirche seit Generationen engagiert und überzeugend für die Stärkung christlicher Lebensformen in der Gesellschaft unternimmt: Vom Religionsunterricht bis zur Diakonie, von universitärer Theologie bis Kindergartenarbeit haben die Kirchen Formate entwickelt, die die christlichen Lebensformen ermöglichen und einüben, prägen und fördern. Sondern besonders bedacht werden sollen Konsequenzen aus dieser Grundüberlegung, die mit der Privatheit und Intimität religiöser Kommunikation verbunden sind:

Zuerst gilt es zu fragen, ob die Kirchen die christlichen Lebensformen jenseits der Hochverbundenen als defizitär beschreiben oder als eine geistlich legitime Lebensform, die Lebensqualität und Selbstbegrenzung, Freiheit und Verantwortlichkeit, Lebensmut und Leichtigkeit stabilisieren können? Haben wir einen *würdigenden Zugang zu Lebensformen* jenseits verstärkter Kirchlichkeit? Gibt es überhaupt andere Mittel gegen die faktische Verdunstung der christlichen Lebensformen in der Gesellschaft als den Ruf „Zurück zur Kirche"? Sind die Entfaltungen und Darlegungen christlicher Lebensformen durch die Kirchen das eigentliche Problem, weil sie jenseits der Sprache der Hochverbundenen kaum die existentiellen Problemlösungspotentiale der vom Glauben geprägten christlichen Lebensformen sichtbar machen können? Dominieren die normativen Aussagen der Kirchen so sehr gegenüber den interpretierenden Aussagen, dass die Befreiungsdimensionen christlicher Lebensformen unsichtbar geworden sind?

---

11 A. a. O., 416.

Was aber gehörte zu den befreienden, problemlösenden, stabilen christlichen Lebensformen? Gibt es Beschreibungen für tatsächlich vorhandene christliche Lebensformen – jenseits der Erwartung eines regelmäßigen Kirchgangs? Gehört das Bibel- und/oder Losung-Lesen dazu? Das Tisch- und Abendgebet? Die Wahrung des Sonntag als arbeitsfreier Tag? Eine erkennbare Gestaltung christlicher Jahresfeste?

Kann man die alte „Hausvater-Tradition" so modernisieren, dass sie heute hilft? Gibt es das Problem der „Loyalitätsrichtlinien" zwecks Erkennbarkeit nicht nur in der Diakonie, sondern auch im Blick auf das christliche Leben? Gehört eine frei gewählte religiöse Gemeinschaftsbildung dazu (eine geistliche Ver-Netzung)? Hier stellt sich eine Fülle von Fragen, die noch gründlicheren Studierens bedürfen.

These 11: *Frühe religiöse Sozialisation und religiöse Kommunikation existentieller Themen stabilisieren christliche Lebensformen.*
Unter der Voraussetzung, dass sich christliche Lebensformen in ihrer Krise und ihrer Problemlösungskompetenz als soziale Praxis jenseits der Kirchlichkeit sinnvoll kommunizieren und stabilisieren lassen, mahnen die Einsichten der V. KMU, religiöse Kommunikation enger an intime und private Situationen heranzuführen.

Aber erreicht die öffentliche Kommunikation der Kirche die Intimität religiöser Kommunikation überhaupt? Natürlich ist die *Kommunikation existentieller Themen* nicht ganz so einfach, ein Blick auf die 2013 aufbrausende Diskussion um Ehe und Familie in der evangelischen Kirche zeigt, wie umstritten solche Äußerungen sein können. Auch dürfte die Beförderung und Unterstützung privater religiöser Kommunikation eine relativ neue Aufgabe für eine öffentliche Theologie und die Kommunikation der Kirche sein. Dennoch stellt die V. KMU die Aufgabe, existentielle Themen zu entfalten und damit mögliche individuelle Lebensformen zu beschreiben bzw. zu bestärken, in denen religiösen Dimensionen als Problemlösungsinstanzen erkennbar werden. Ein Beispiel scheinen die drei Werte Verbindlichkeit, Verlässlichkeit und Verantwortlichkeit in den verschiedensten Beziehungsformen zu sein, denn sie sind flexibel genug, individuell angepasst gelebt zu werden. Zugleich fragt sich, ob sie konkret genug sind, um eine soziale Praxis erkennbar zu gestalten? Denn das von der V. KMU zu Recht positiv dargestellte „Sozialkapital" der Glaubenden, das sich im Vertrauen in den Nächsten und im überdurchschnittlichen ehrenamtlichen Engagement konkretisiert, wird als „Erkennungszeichen christlicher Lebensform" nur von denjenigen so erkannt, die selbst religiös kommunizieren. Die über das Private hinausgehende Verantwortlichkeit für das Gemeinwohl als ein typisches Kennzeichen christlicher Lebensformen zu entfalten, müsste daher eine zentrale Herausforderung darstellen; sie wird ja auch oftmals schon gerade im diakonischen Bereich diskutiert.

Darüber hinaus aber werden Lebensformen geprägt von der Mischung aus selbstverständlicher Vorgabe und individueller Aneignung; Vorleben und Nachahmung sind zugleich die beiden zentralen Elemente, mit denen Kinder nicht nur Lesen und Schreiben, Fairness und Gewaltfreiheit lernen, sondern eben auch Religion und Glaube. *Religiöse Sozialisation gelingt laut V. KMU* – wenn sie es tut – am ehesten in der frühesten familiären Situation; aber helfen wir eigentlich religiös sprachlos gewordenen Eltern ausreichend, christliche Lebensformen trotz aller inneren Verunsicherung und Sprachlosigkeit zu gestalten? Wird nicht eher die Delegation religiöser Sozialisation in die kirchlichen Institutionen gefördert? Die Beförderung religiöser Kommunikation in der unmittelbaren, faktisch hochpluralisierten Familiensituation gehört ins Zentrum strategischer Überlegungen. Dazu gehört dann auch die Einsicht, dass die Verbindung von religiöser Kommunikation und Familie schon einmal viel weiter ausgeprägt war; über Jahrhunderte waren z.B. Haustaufen selbstverständlich, nach dem Kirchenkampf sind sie bestenfalls geduldet worden. Oder ist die Hospizarbeit nicht eine Sterbebegleitung im Rahmen einer „Wahlverwandschaft", in der die Familie in neuer Weise zurückgekehrt ist? Auch gibt es inzwischen ermutigende Beispiele gelungener Aktionen der familiären Unterstützung, z.B. hat sich der sogenannte „Geburtsbeutel" als Geschenk der Kirche zur Geburt eines Kindes oder jüngst die Entwicklung einer „Einschulungstüte" als Geschenk der Kirche an die Kinder bewährt. Die weiteren Überlegungen sollten Formen und Formate entwickeln, die die Privatheit religiöser Kommunikation bestärken, ohne diese lediglich als „Vorhof" zur kirchlichen Kommunikation anzulegen.

These 12: *Qualitativ wertvolle religiöse Kommunikation in einer konkreten Gemeinde vor Ort durch den klassischen Berufsstand bleibt die zentrale Erwartung aller Mitglieder an ihre Kirche.*
Die „Vor-Ort-Kirche" bleibt die Grundform der Präsenz in der Fläche, wenn man dieses Vor-Ort-Sein nicht allein an Ortsgemeinden bindet, sondern auch „Orte der Gemeinde" im Blick hat, also Räume und Zeiten, in und an denen anlassbezogen und situativ Menschen um Wort und Sakrament gesammelt werden. Das unverzichtbare Engagement der Ehrenamtlichen bei den „lebensrettenden Maßnahmen" für die Kirche vor Ort ist unbestreitbar, auch wenn mitunter die amtlichen Erwartungen an die Ehrenamtlichen sehr hoch ausfallen. Zugleich muss die Einsicht der V. KMU beachtet werden, dass

Menschen, die einen Pfarrer / eine Pfarrerin persönlich oder aus der Ferne kennen, in aller Regel keine Austrittsneigung haben, selbst wenn sie sich indifferent verhalten gegenüber den Themen Glaube und Religion. Die Frage stellt sich also, wie sich diese spezifischen Chancen zueinander verhalten? Müssen möglichst alle Pfarrer / Pfarrerinnen gleichsam an der Basis wirken? Sollten übergemeindliche Aufgaben nur übernommen werden, wenn damit zugleich eine pfarramtliche Aufgabe der Sammlung von (situativer) Gemeinde verbunden ist? Viele Landeskirchen, Kirchenkreise und Kirchenämter achten auf solche Verknüpfungen schon, viele Kollegen / -innen nehmen diese Spreizung freiwillig wahr, doch welche Chancen bietet eine solche bewusste Strategie? Kommen nicht nur die übergemeindlichen Aufgaben näher an die Basis, sondern erweitern sie die Perspektiven der Basis auf weitere, überregionale Profile und Themen? Tut es den Amtsinhabern gut oder zerreißt es sie völlig?

Welche Aufgaben kommen sonst noch auf den *Beruf des Pfarrers* zu, wenn seine öffentliche Präsenz zwar dankbar wahr- und durchaus zum Anlass für private religiöse Kommunikation angenommen wird, diese aber dann unabhängig von ihm intimisiert wird? Muss sich der Pfarrer / die Pfarrerin viel stärker auf die Rolle eines öffentlichen Repräsentanten konzentrieren und nicht so sehr den Missionar oder Seelsorger anbieten? Verschieben sich die Erwartungen vom prophetischen zum priesterlichen Amt? Und ist das missionarisch wirksame Handeln viel besser aufgehoben bei ehrenamtlich Engagierten, die gleichsam unverdächtig Nähe, Privatheit und Intimität signalisieren als Amtspersonen? Dass die „Schlüsselrolle des Pfarrers" nicht in eine Alternative zum ehrenamtlichen Engagement zu bringen ist, haben alle gelernt; aber können die spezifischen Aufgaben des Schlüsselberufs schon beschrieben und entsprechend kirchenleitend gefördert werden? Im Blick auf die Erwartungen an das Pfarrbild tut sich eine große Spannung zwischen interner und externer Sicht auf: Das Pfarramt als Schlüssel der Kirche lässt schnell den Ruf nach dem „Priestertum aller Getauften" erschallen; zugleich verliert der Pfarrberuf auch deswegen an Attraktivität, weil der „Vocatio externa" kein klares Rollenbild mehr zugeordnet ist. Nach der V. KMU soll der Pfarrer weder zuerst Missionar noch Seelsorger sein, sondern öffentlicher Repräsentant eines spezifischen Themas und seiner Folgerungen für die Lebensformen, die ohne diesen Repräsentanten noch mehr verdunsten. Aber wie kann er dieser Aufgabe gerecht werden, wenn gerade diese öffentliche Präsenz intern problematisch erscheint, insofern anderes Engagement verschattet wird?

Die V. KMU fordert gegenüber der IV. KMU und dem Impulspapier „Kirche der Freiheit" kein aktuelles oder radikales organisatorisches Umsteuern, sondern eine vertiefte Nachdenklichkeit über christliche Lebensformen in Zeiten der Individualisierung, der Initimisierung des Glaubens und der religiösen Sprachlosigkeit. Und mir erscheint der eingeschlagene Weg zum Reformationsjubiläum 2017 durchaus geeignet zu sein, diese innere Besinnung zu bestärken.

Ralph Charbonnier

Wider eine theologische Enthaltsamkeit gegenüber pluralen Lebensformen

Respons zu: Thies Gundlach, Erste Folgerungen aus der V. Kirchenmitgliedschaftsuntersuchung

1. Zum Verhältnis der Kirchenmitgliedschaftsstudie V (2014) zum Impulspapier Kirche der Freiheit (2006)

Thies Gundlach formuliert: „Die in ‚Kirche der Freiheit' 2006 beschriebenen wesentlichen Herausforderungen und Therapievorschläge (sind) weder überholt noch erledigt ... Viele der in den sog. Leuchtfeuern verpackten inhaltlichen und organisatorischen Reformideen behalten auch nach der KMU V Bestand und sollten weiter verfolgt werden" (These 2).

Aus der Sicht kirchlicher Praxis kann dieser These nur zugestimmt werden. Auch wenn manche konkreten Vorschläge aus ‚Kirche der Freiheit' durch die anschließenden Debatten und ersten Erfahrungen bei der Umsetzung konkreter Vorschläge Korrekturen erfahren haben,[1] bleibt doch der rote Faden, der das Impulspapier „Kirche der Freiheit" durchzieht, weiterhin relevant: „Die Grundfrage an unsere evangelische Kirche lautet in dieser Umbruchsituation: Wird sich bei hauptamtlich Mitarbeitenden und ehrenamtlich Engagierten ein Paradigmen- und Mentalitätswechsel vollziehen, der die evangelische Kirche auf die neue Situation ausrichtet und ihre Chancen zu ergreifen sucht?"[2] Para-

---

1 Vgl. Kirchenamt der EKD (Hrsg.), Kirche im Aufbruch. Schlüsseltexte zum Reformprozess, Leipzig 2009.

2 Kirchenamt der EKD (Hrsg.), Kirche der Freiheit. Perspektiven für die Evangelische Kirche im 21. Jahrhundert, Hannover 2006, 7.

digmen- und Mentalitätswechsel vollziehen sich nicht in wenigen Jahren. Immerhin geht es nach ‚Kirche der Freiheit‘ darum, das Paradigma einer strategischen Organisations- und Arbeitskultur in der Kirche zu etablieren, das sich an geistlicher Profilierung, Schwerpunktsetzungen, Struktur- veränderungen und Kontextveränderungen orientiert und dazu Herausforderungen, Ziele, Maßnahmen und Prioritä- ten formuliert sowie Methoden der Qualitätsentwicklung und -sicherung einschließlich eines Controllings einsetzt.[3] Für das Paradigma einer solchen Kultur mit einer ihr ent- sprechenden Mentalität muss zunächst gegenüber tausen- den ehrenamtlich und beruflich Mitarbeitenden in der Kir- che geworben werden. Bedenken und Widerstände müssen aufgenommen und einer beteiligungsorientierten theologi- schen Kritik und Würdigung unterzogen werden. Erst dann kann ein solches Paradigma mit einer entsprechenden Men- talität in der Praxis eingeübt werden und Wirkung zeigen.

Gundlach resümiert im Blick auf ‚Kirche der Freiheit‘: „Der Reformprozess der evangelischen Kirche insgesamt und speziell die Reformschrift ‚Kirche der Freiheit‘ haben nicht die erhofften (quantitativ-missionarischen) Erfolge gezei- tigt" (These 2). Zugleich sieht er, dass „die Notwendigkeit von Reformen auf der Linie der bisherigen Reformanstren- gungen auch nach den Einsichten der V. KMU unabweisbar (bleibt)" (These 2). *Die Kernbotschaft der KMU V sieht er in Folgendem: „Während die Reorganisation der Strukturen ... durchgeführt werden (muss), ... steht ‚eine geistlich-mentale Reorganisation‘ noch aus."* (These 3).

Impulse für eine solche geistlich-mentale Reorganisation sieht Gundlach darin, dass sich Kirche nicht nur an der sozi- alen Praxis der sogenannten Hochverbundenen orientiert,

---

3 Vgl. a. a. O., 44–46.

sondern nach christlich geprägten Lebensformen jenseits
der Hochverbundenen sucht (siehe Abschnitt III). Die Ausführungen zum Abschnitt III werden zeigen, welches Potential
in einem solche Ansatz steckt. Allerdings ist jenseits dieser
Diskussion zu fragen, ob sich eine ‚geistlich-mentale Reorganisation' an einem Paradigmen- und Mentalitätswechsel
(so ‚Kirche der Freiheit') orientieren sollte oder ob eine solche
Reorganisation nicht vielmehr eine *Vielfalt* der Paradigmen
und Mentalitäten („Paradigmen-Mix" und „Mentalitäten-
Mix") im Auge haben sollte. Der Begriff eines Paradigmen-
und Mentalitäts*wechsels* impliziert eine *Abwendung* von
einem Paradigma bzw. einer Mentalität und eine *Hinwen-
dung* zu einem neu zu entwickelnden Paradigma bzw. einer
neu zu entwickelnden Mentalität. Wenn jedoch die Herausforderungen der Kirche vielfältiger geworden sind, weil die
Evangelische Kirche in Deutschland aus kirchentheoreti-
scher Sicht in dreifacher Gestaltungsform existiert (Kirche
als Bewegung, Kirche als Organisation, Kirche als Institution,
zusammengefasst: Kirche als „Hybrid")[4], dann sollten diesen
Gestaltungsformen unterschiedliche Paradigmen bei der
Kirchenleitung und Personalführung und unterschiedliche
Mentalitäten der Mitarbeitenden entsprechen.

---

4   Vgl. Eberhard Hauschildt / Uta Pohl-Patalong, Kirche. Lehrbuch Praktische
    Theologie Band 4, Gütersloh 2013, 138–219; ähnlich auch: Jan Hermelink,
    Kirchliche Organisation und das Jenseits des Glaubens. Eine praktisch-
    theologische Theorie der evangelischen Kirche, Gütersloh 2011, 89–115.

2. Wahrnehmungen der Kirchenmitgliedschafts-
untersuchung als Hinweise für die geistlich-mentale
Reorganisation der Evangelischen Kirche

Der Schlüssel für die geistlich-mentale Reorganisation der Evangelischen Kirche ergibt sich nach Gundlach aus der Kulmination der wichtigsten Wahrnehmungen der KMU V. Sie sollen im Folgenden nicht im Detail diskutiert, sondern nur kurz genannt werden, so dass nachvollzogen werden kann, welche Wahrnehmungen von Gundlach aufgenommen und anschließend einer Interpretation unterzogen werden:

– *Privatisierung religiöser Themen:* Gespräche zu religiösen Themen werden nach der KMU V in der Familie, zwischen Partnern, unter guten Freunden und Freundinnen besprochen, kaum jedoch in der Kirchengemeinde oder mit dem Pastor, der Pastorin (These 4).

– *Existentialisierung religiöser Themen:* Als religiöse Themen werden von den Befragten Fragen zum Lebensanfang und Lebensende, zur Weltentstehung sowie zu Sinn- und Beziehungsfragen angesehen, weniger jedoch gesellschafts- oder sozialpolitische Themen (These 4).

– *Es wachsen die Zahlen der Hochverbundenen und der religiös indifferenten Mitglieder.* Trotzdem bleibt die große Mehrheit aller Kirchenmitglieder (67 %) der Kirche in mittlerer Verbundenheit zugewandt (These 5).

– *Pfarrer und Pfarrerinnen sind das Gesicht der Kirche vor Ort.* Sie entfalten die stärksten Bindungskräfte zu Kirchenmitgliedern. Wer den Pfarrer oder die Pfarrerin kennt, hat in der Regel keine Austrittsneigung (These 6).

– *Religiöse Sozialisation geschieht vorwiegend in der frühkindlichen Phase im Zusammenhang der Familie.* Zugleich fühlen sich immer weniger Eltern in der Lage, in ihrer Familie Glauben weiterzugeben und christliche Lebensformen einzuüben (These 7).

– *Hochverbundene suchen religiöse und kommunikative Sicherheit in klassischen kirchlichen Formen, Formeln und Formaten, weniger Verbundene werden religiös immer sprachloser,* weil sie die kirchliche Sprache nicht einfach nachsprechen können und wollen und zum anderen ihre individuellen Überzeugungen oft nicht zu formulieren wissen (These 8).

In einem ersten *Versuch, aus diesen Wahrnehmungen Strategien für kirchenleitendes Handeln zu ziehen, skizziert Gundlach zwei mögliche Wege* (These 9): Einerseits kann man versuchen, eine intensive Mitgliedschaftspraxis weiter zu intensivieren und kirchliche Arbeit daran auszurichten, dass distanzierte Kirchenmitglieder zu Hochverbundenen werden (*Konversionsstrategie* – Beispielhafte Handlungsoptionen für diese Strategie sind Glaubenskurse, innovative Gottesdienst- und Gemeindeformen, religionspädagogische Angebote). Andererseits können distanzierte und indifferente Kirchenmitglieder als religiöse Subjekte wahr- und ernstgenommen werden, auch wenn sie ihre Lebenspraxis nicht in klassischen kirchlichen Lebensformen vollziehen (*Interpretationsstrategie*). Aber auch diese Strategie führt nach Gundlach noch den Vorrang der kirchlichen Lebensform vor anderen Lebensformen mit sich (Asymmetrie) und impliziert damit eine Konversionsstrategie.

Solche Konversionsstrategien bezeichnet Gundlach als unerlässlich. Daneben aber muss nach Gundlach eine Strategie stehen, die verschiedene Lebensformen wahrnimmt, würdigt, stabilisiert und fördert, die als christliche Lebensformen gelten können und die gleichwertig neben den Lebensformen der Hochverbundenen zu stehen kommen müssen (Symmetrie).

Alle weiteren Überlegungen des Beitrags Gundlachs dienen der Suche nach solchen Lebensformen.

3. Christliche Lebensformen beschreiben, stabilisieren und befördern als geistlich-mentaler Schlüssel kirchenleitende Handlungsoptionen

Zur Interpretation der in Abschnitt II genannten Wahrnehmungen greift Gundlach auf christentumssoziologische
Überlegungen Martin Laubes zurück (These 9): Laube kon-
statiert, dass das evangelische Christentum in Deutschland
vorwiegend die christlich geprägte *Lebensform der Hochverbundenen* ausgeprägt hat, kaum jedoch die *Vielfalt* christlich
geprägter Lebensformen. Über diese Lebenswirklichkeit des
Christentums in Deutschland hinausgehend haben zwar
die Kirchenmitgliedschaftsuntersuchungen das Christentum jenseits der Hochverbundenen immer im Blick gehabt,
jedoch nicht als konkrete soziale Praxis beschrieben. Ohne
soziale Praxis – so skizziert Gundlach Laubes Überlegungen – kann eine Religion aber nur eine innere Privatreligion
sein, deren Träger gegenüber anderen Christen weitgehend
sprachlos sind. In Anlehnung an Laube schließt Gundlach
daraus: Wenn man distanzierte und indifferente Kirchenmitglieder als religiöse Subjekte wahr- und ernstnehmen
und ihre religiöse Praxis interpretieren möchte, muss man
die *Frage nach christlich geprägten Lebensformen jenseits der
Lebensform(en) der Hochverbundenen stellen.* Hierzu bedient
sich Gundlach dem Begriff „Lebensform", wie er von der Berliner Philosophin Rahel Jaeggi verstanden wird: „Lebensformen sind komplex strukturierte Bündel (Ensembles) sozialer
Praktiken, die darauf gerichtet sind, Probleme zu lösen, die
ihrerseits historisch kontextualisiert und normativ verfasst

sind."[5] An anderer Stelle definiert Jaeggi: „Lebensformen sind ... Zusammenhänge von Praktiken und Orientierungen und Ordnungen sozialen Verhaltens. Diese umfassen Einstellungen und habitualisiertes Verhalten mit *normativem Charakter*, die die *kollektive Lebensführung* betreffen, obwohl sie gleichzeitig *nicht streng kodifiziert* oder institutionell verbindlich verfasst sind."[6]

Auf Basis dieses Verständnisses von Lebensformen fragt Gundlach danach, ob es ein „strategisch sinnvoller Ansatz (ist), christliche Lebensformen in ihrer Krisenhaftigkeit und ihrem Transformationspotential genauer zu beschreiben und – soweit es möglich ist – durch geeignete Maßnahmen zu stabilisieren bzw. zu befördern" (These 9). Mit einem solchen Ansatz geht Gundlach an dieser Stelle explizit nicht auf traditionelle christliche Lebensformen ein, die sich in Kirche und Diakonie herauskristallisiert haben, sondern skizziert folgende fünf Diskussionsfelder:

a) *Haben die Kirchen einen würdigenden Zugang zu Menschen mit Lebensformen, die christliche Haltungen auch jenseits verstärkter Kirchlichkeit leben? (These 10)*
Diese Frage impliziert eine *ethische Forderung*, eine *hermeneutische Aufgabe* und eine *ekklesiologische Voraussetzung*:

In ethischer Hinsicht impliziert diese Frage die Forderung, sich von einer singularischen Leitbild-Ethik, wie sie sich als präferierte Lebensform der Hochverbundenen etabliert hat, zu verabschieden und sich einer *Ethik der pluralen Lebensformen* zuzuwenden: Beispielsweise muss an die Stelle des einen Leitbildes für Familie eine Vielfalt ethisch verantwortlicher Lebensformen von Familie treten. Ebenso gilt es, im

---

5 Rahel Jaeggi, Kritik von Lebensformen, Frankfurt a. M. 2014, 58.
6 A. a. O., 89 (Hervorhebungen i. Orig.).

Rahmen von Bereichsethiken nicht nur das von den Hochverbundenen präferierte Leitbild für den jeweiligen Bereich
kritisch zu würdigen, sondern auch andere Lebensformen
in dem jeweiligen Bereich. Eine theologisch-ethische Präferierung eines von Hochverbundenen vertretenen Leitbildes
schränkt die Breite ethisch verantwortlicher Lebensformen
unsachgemäß ein. Darüber hinaus versperrt eine einseitige
Präferierung eines Leitbildes die anerkennende Kommunikation zwischen Hochverbundenen und Menschen, die andere,
ethisch möglicherweise ebenso verantwortbare Lebensformen bevorzugen. Milieutheoretische Analyseinstrumente,
wie sie in praktisch-theologischen Entwürfen inzwischen
weite Verbreitung gefunden haben, können dazu beitragen,[7]
ethisch gleichwertige Aspekte in *verschiedenen* Lebensstilen
und Lebensformen wiederzuentdecken.[8]

Die Forderung nach einem würdigenden Zugang zu
Lebensformen jenseits der Lebensformen der Hochverbundenen impliziert eine *hermeneutische Aufgabe*:

Wie können ehrenamtlich und beruflich Mitarbeitende
der Kirche, die zu den Hochverbundenen zu zählen sind und
sich vorwiegend selbstbezüglich der ethischen Vorzüglich-
keit ihrer Lebensformen vergewissern, die ihnen fremden
Lebensformen wahrnehmen, würdigen und zugleich kritisch
beleuchten – ohne dass der kommunikative Faden zu den
Menschen dieser fremden Lebensformen abzureißen droht?
Wie kann gefördert werden, dass Mitarbeitende fremde
Lebensformen nicht von vornherein als defizitär ansehen
und eine Konversion zur Lebensform der Hochverbundenen

---

7 Vgl. z.B. Petra-Angela Ahrens / Gerhard Wegner, Soziokulturelle Milieus
   und Kirche. Lebensstile – Sozialstrukturen – kirchliche Angebote, Stuttgart
   2013.

8 Zur Unterscheidung von Lebensform, Lebensführung, Lebensgewohnhei-
   ten, Lebensstil und verwandten Aspekten vgl. Jaeggi, Anm. 5, 70–77.

erwarten, sondern Interesse an anderen ethisch verantwort-
lichen Lebensformen zeigen? Wie kann die Fähigkeit zur
„Kritik von Lebensformen" – so das leitende Interesse des
Ansatzes von Rahel Jaeggi und der Titel ihrer Schrift – ausgebildet werden, so dass die eigene Lebensform und andere
Lebensformen in ein gleichberechtigt kritisch-würdigendes
Gespräch gebracht werden können? Aus theologischer wie
aus psychodynamischer Sicht wird wesentlich sein, Rechtfer-
tigung aus Glauben stark zu machen, aus dem die Freiheit
zur würdigenden Wahrnehmung der Menschen mit fremden Lebensformen folgt. Theologisch mag es auch hilfreich
sein, an Dietrich Bonhoeffer zu erinnern, der dazu auffordert, gegenüber einer mündig gewordenen Welt nicht die
Religion als Bedingung des Glaubens vorauszusetzen.[9] Dieser Denklinie folgend könnte man fordern, nicht die Lebensform der Hochverbundenen als Bedingung des Glaubens
vorauszusetzen.

Die Frage, ob die Kirchen einen würdigenden Zugang
zu Menschen mit Lebensformen, die christliche Haltungen
auch jenseits verstärkter Kirchlichkeit leben, haben, impliziert eine *ekklesiologische Voraussetzung*: Diese Frage reproduziert das Problem, das behoben werden soll: Wenn zwischen „den Kirchen" und „Menschen mit Lebensformen und
christlichen Haltungen jenseits verstärkter Kirchlichkeit"
unterschieden wird, zeigt sich eine ekklesiologische Fehlan-
nahme: Kirchenmitglieder haben keine *Beziehung zu* ihrer

---

9 Dietrich Bonhoeffer formuliert: „Die Frage heißt: Christus und die
mündig gewordene Welt. ... Ich bin der Auffassung, dass die vollen Inhalte
einschließlich der ‚mythologischen' Begriffe bestehen bleiben müssen ...
aber dass diese Begriffe nun in einer Weise interpretiert werden müssen,
die nicht die Religion als Bedingung des Glaubens ... voraussetzt." In:
Widerstand und Ergebung. Briefe und Aufzeichnungen aus der Haft,
München 1985 (3. Aufl.), 358; 360.

Kirche, sondern sie *sind* Kirche. Hätten sie eine *Beziehung zu* ihrer Kirche, stünden sie *neben* ihrer Kirche. Eine Redeweise von „Kirchenmitgliedern", die eine Beziehung zu ihrer Kirche haben, exkludiert Mitglieder. Genau in dieser Figur von „Mitgliedern, die eine Beziehung zu ihrer Kirche haben" steckt die Hermeneutik des Defizitverdachts, die überwunden werden soll.

Es ist darum ein Gewinn, wenn die KMU V von *„kirchlicher Mitgliedschaftspraxis"*[10] und einem „Verbundenheitsgefühl" spricht. Diese Sprachfiguren implizieren, dass Mitglieder als Glieder der Kirche, also als Kirche handeln und sich darin mit anderen zu einem gewissen Grad verbunden fühlen.

Hier lohnt es, an die reformatorischen Bekenntnisgrundlagen anzuknüpfen: Diese kennen schlicht die Kirche als „die Versammlung aller Gläubigen ..., bei denen das Evangelium rein gepredigt und die heiligen Sakramente gemäß dem Evangelium gereicht werden."[11] Über geprägte Formen sozialer Praxis als Gläubige oder gar über *die eine* christlich geprägte Lebensform sagen die Bekenntnisschriften wohlweislich nichts! Im Gegenteil heißt es: „Es ist nicht notwendig ... dass die von Menschen eingesetzten Ordnungen (lat. traditiones) überall gleichförmig eingehalten werden."[12]

Diese reformatorische Grundeinsicht eröffnet somit einen weiten Raum pluraler, in geistlicher Hinsicht gleichwertiger oder gleich-würdiger und gleich-zu-würdigender Lebensformen. Dass *viele* Lebensformen gleich-wertig sein können, heißt nicht, dass *jede* Lebensform gleich-wertig ist. Von einer solchen Gleichgültigkeit kann in der reformatori-

---

10 KMU V, 24 u. ö.

11 CA 7, nach: Amt der VELKD (Hrsg.), Unser Glaube. Die Bekenntnisschriften der evangelisch-lutherischen Kirche. Ausgabe für die Gemeinde, Gütersloh 2013, 6. Aufl., 50.

12 Ebd.

schen Theologie keine Rede sein. Vielmehr beginnt bei der Frage der „Wertigkeit" einer Lebensform die ethische Reflexionsarbeit.

Zurück zur Ausgangsfrage: Wenn würdigende Zugänge zu Menschen anderer Lebensformen gefunden werden sollen, müssen schon Begriffe, Denkmuster und Theoriemodelle darauf hin geprüft werden, ob sie *Mitglieder* mit ihren Lebensformen als religiöse Akteure und ihre Lebensformen als Ausdrucksformen von *Kirche* sehen oder ob sie Mitglieder als Menschen betrachten, deren Lebensformen mehr oder weniger kompatibel zu den von Hochverbundenen präferierten Lebensformen sind.

b) Religiöse Sozialisation gelingt am ehesten in der frühesten Lebensphase und in der familiären Situation (These 11): Wenn man dieser These folgt, muss es um die Unterstützung der Familien in der „real existierenden Formenvielfalt" bei deren Suche nach religiösen Kommunikationsformen gehen. *Soll diese Unterstützung nachhaltig gelingen, sind u. a. Beziehungsaspekte und institutionelle Aspekte zu berücksichtigen:*

Zu Beziehungsaspekten: Es muss auf defizitorientierte und defizitunterstellende Haltungen verzichtet werden zugunsten einer „Beziehung auf Augenhöhe" oder einer *„Beziehung mit doppelter Asymmetrie":* Pastorinnen und Pastoren, Mitarbeitende in der kirchlichen Arbeit mit Kindern und Familien haben meist mehr Kenntnisse und Erfahrung mit Entwicklungspsychologie, Elementarpädagogik, Religionspädagogik etc. Eltern aber haben mehr Erfahrung mit ihrem Kind, seiner Geschichte, seinen Eigenheiten, seinen Begabungen und Grenzen, seinem Familiensystem etc. Beide Seiten sind „Expertinnen und Experten" auf ihren je eigenen Gebieten. Das jeweilige „Expertenwissen" sollte in ein Gespräch eingebracht werden.

Zu institutionellen Aspekten: Familien in ihrer religiösen Kommunikation zu unterstützen setzt eine nachhaltige *Vertrauensbeziehung zwischen kirchlichen Mitarbeiterinnen und Mitarbeitern und Familienmitgliedern* voraus. Dies kann sehr viel leichter geschehen, wenn diese Beziehung institutionalisiert ist – klassischerweise im Rahmen von kirchlichen Kindertagesstätten und Schulen.

Die Übertragung der Trägerschaft von Kindertagesstätten und Schulen im Rahmen des Subsidiaritätsprinzips von Kommunen und Ländern auf die Kirche und andere Institutionen ist eine echte Chance. Auf diese Weise kann die Kirche über ihre pädagogische, religionspädagogische und diakonische Arbeit unter Würdigung der vorgefundenen Lebenswirklichkeiten christliche Lebensformen bekannt machen, vorleben und unterstützen.

Darin wird deutlich, dass Elternunterstützung und institutionalisierte frühkindliche Bildungsarbeit nicht alternativ zu sehen sind, sondern dass sie sich wechselseitig stärken.

Allerdings muss im Blick bleiben, dass *eine im Kindesalter erworbene religiöse Sozialisation verloren gehen kann, wenn sie nicht in Lebensformen der Jugendlichen und jungen Erwachsenen transformiert werden kann.* Auch die KMU V macht deutlich, dass der Kirche in ihrer Arbeit mit Kindern eine hohe Kompetenz zugeschrieben und Achtung entgegen gebracht wird, diese Kompetenzannahme und Achtung gegenüber der Kirche aber in Arbeitsfeldern mit Jugendlichen zurückgeht.[13] Dies fördert die verbreitete Annahme, der christliche Glaube sei vorwiegend eine Sache für Kinder. Um dieser Ansicht entgegenzuwirken, ist auf die Bedeutung des kirchlichen Engagements in Schulen in Form des Religionsunterrichts, der Schulseelsorge und der schulkooperativen

---

13 Vgl. den Beitrag von Gerhard Wegner in diesem Band.

Arbeit sowie auf die Jugendarbeit in Kirchengemeinden und Kirchenkreisen hinzuweisen.

c) Erreicht die öffentliche Kommunikation der Kirche die Intimität religiöser Kommunikation? (These 11):
Zunächst sollte festgehalten werden, dass religiöse Kommunikation im Raum des Privaten und Intimen, unter Ehepartnern, Freunden, Bekannten und in der Familie *kirchliche* Kommunikation ist.[14] Manche Züge dieser religiösen Kommunikation können als Alltagsseelsorge unter Schwestern und Brüdern angesehen werden. Sie ist als Ausübung des Allgemeinen Priestertums aller Getauften zu würdigen und zu unterstützen.

Auffällig ist jedoch, dass der *Austausch* zwischen privater und öffentlicher religiöser Kommunikation zu stocken scheint – wenn unter öffentlicher religiöser Kommunikation gemeint ist, dass sie zwischen Kirchenmitgliedern und ehrenamtlich und beruflich Mitarbeitenden der Kirchengemeinden geschieht.

Bei dem Versuch, diese Beobachtungen zu interpretieren, kann die These Rahel Jaeggis herangezogen werden, nach der es zur Moderne gehört, dass es eine *„ethische Enthaltsamkeit"*[15] gegenüber der Bewertung von Lebensvollzügen in dem Zwischenraum zwischen Geschmacksfragen, die beliebig sind, und Handlungen, die geboten oder verboten sind, gibt.[16] Lebensformen gehören in diesen Bereich, gegenüber dem ethische Enthaltsamkeit von Seiten der öffentlichen Ethik geübt wird. Jaeggi führt dies auf zwei Traditionen der Moderne zurück: Zum einen auf die Idee libera-

---

14 Vgl. KMU V, 27.

15 Jaeggi, Anm. 5, 18, sowie insgesamt im Abschnitt 18–61 in Aufnahme des von Jürgen Habermas geprägten Begriffes.

16 Vgl. a. a. O., 28 f.

ler Neutralität, nach der insbesondere von Seiten des Staates eine ethische Neutralität gegenüber der Vielfalt von Lebensformen in einer pluralistischen Gesellschaft geübt werden muss, wenn gewaltsame Auseinandersetzungen eingehegt werden sollen (Jahn Rawls).[17] Zum anderen beruht diese ethische Enthaltsamkeit nach Jaeggi auf der Unterscheidung von Moral und Ethik in einem Verständnis, das beispielsweise Jürgen Habermas skizziert: Moral betrifft die unbedingt und universell geltenden Normen des Zusammenlebens. Bei der Ethik geht es um das Gelingen oder Misslingen von Lebensformen und um eine existentielle Selbstverständigung, für die die Verantwortung allein bei den Individuen liegt.[18]

In Anlehnung an Jaeggis Ausführungen zur „ethischen Enthaltsamkeit" kann man angesichts der in der KMU V dargestellten Beobachtungen von einer *„theologischen Enthaltsamkeit"* der Kirche sprechen: Die religiöse Dimension der individuellen Lebensformen wird im Raum des Privaten thematisiert. Die religiöse Kommunikation im öffentlichen Raum handelt dagegen von allgemeinen religiösen Phänomenen, für die man sich einer theologischen oder kirchlichen Semantik bedienen kann. Diese theologische Enthaltsamkeit der Kirche partizipiert an den zwei beschriebenen Traditionslinien der Moderne. Hinzu kommt ein laizistischer Grundzug der Moderne, nach der Religion Privatsache und von öffentlichen Diskursen fernzuhalten ist.

Wenn es kaum zu einem Austausch zwischen privater religiöser und öffentlicher religiöser Kommunikation kommt, wird in der individuellen religiösen Kommunikation auf den Schatz an theologischen und kirchlichen Begriffen, Symbolen, Riten und sonstigen Traditionsbeständen verzich-

---

17 Vgl. a. a. O., 31–33.
18 Vgl. a. a. O., 33–38.

tet und umgekehrt gelingt es in der öffentlichen religiösen Kommunikation nur schwer, die Begriffe, Symbole, Riten und Traditionsbestände der biblischen Schriften und der Kirchengeschichte zu einem „persönlichkeitsspezifischen Credo"[19] umzuformen.

Einer solchen „theologischen Enthaltsamkeit" bei der Beschreibung von Lebensformen kann aus evangelischer Tradition nur widersprochen werden: Mit Martin Luthers erster der 95 Thesen ist zu sagen: „... das *ganze* Leben der Glaubenden (sei) eine Buße."[20] Die Barmer Theologische Erklärung formuliert in ihrer zweiten These: „Jesus Christus ... ist ... Gottes kräftiger Anspruch auf unser *ganzes* Leben."[21] Für die Inanspruchnahme des Menschen durch den Glauben ist die Unterscheidung zwischen einem privaten Leben und einem öffentlichen Leben irrelevant. Bei einem solchen im Glauben, in der Buße geführten Leben ist allein zwischen einem verkündigendem Handeln, das keinen Zwang erlaubt (Gottes Regiment zur Rechten), und einem Handeln, das ethisch verantwortlich die Bedingungen einer weltanschaulich pluralistischen Gesellschaft anerkennt (Gottes Regiment zur Linken), zu unterscheiden.[22] Diese Unterscheidung ist aber gerade nicht deckungsgleich mit der Unterscheidung von „privat" und „öffentlich": Zum einen soll Glaube im privaten wie im öffentlichen Raum, also in allen Lebensberei-

---

19 Klaus Winkler, Seelsorge, Berlin 2000 (2. Aufl.), 276.

20 Martin Luther, Lateinisch-Deutsche Studienausgabe, Bd. 2, Leipzig 2006, 3 (Hervorhebung: R.C.).

21 Alfred Burgsmüller / Rudolf Weth (Hrsg.), Die Barmer Theologische Erklärung. Einführung und Dokumentation, Neukirchen-Vluyn 1998 (6. Aufl.), 37.

22 Vgl. Augsburger Bekenntnis Art. 28 sowie Luthers Zwei-Regimenten-Lehre und auch Art. 5 der Barmer Theologischen Erklärung. Vgl. hierzu Wilfried Härle, Dogmatik, Berlin / New York 2000 (2. Aufl.), 164; 580–582.

chen, relevant werden. Zum anderen sind Lebensformen im Bereich des Öffentlichen nicht ethisch neutral, sondern sollen unter Achtung und Wahrung der Gewissensfreiheit in einer weltanschaulich pluralen Gesellschaft unter Bezug zu pluralen weltanschaulichen Gründen entworfen, gestaltet und verantwortet werden.

Mit dieser Position handelt die Kirche gegen den Zeitgeist, der – wie oben beschrieben – vom Liberalismus, von ethischer Enthaltsamkeit gegenüber Lebensformen im Privaten und vom Laizismus geprägt ist. Umso wichtiger ist, dass Kirche sowohl die Sprachfähigkeit der Christinnen und Christen über ihren Glauben fördert, so dass Verkündigung gelingen kann und auch die Relevanz des Glaubens in verschiedenen Bereichen des beruflichen und öffentlichen Lebens erfahrbar und verstehbar wird. Auf diese Weise kann dem Verständnis einer Eigengesetzlichkeit öffentlicher Bereiche, gegenüber denen die Kirche sich „theologisch enthaltsam" zu zeigen habe, widersprochen werden. Methodisch setzt dies voraus, dass Menschen die religiöse und theologisch-ethische Dimension der von ihnen praktizierten Lebensformen entdecken, kommunizieren und gestalten können. Im wissenschaftlichen Bereich setzt dies ein transdisziplinäres Herangehen voraus.[23] Dazu gehören wiederum Interesse an fremden Lebensformen sowie die Fähigkeit, mit Menschen fremder Lebensformen würdigend zu kommunizieren.

---

23 Mit dem Begriff der Transdisziplinarität soll (gegenüber einer Multidisziplinarität und einer Interdisziplinarität) deutlich gemacht werden, dass schon die Abgrenzung und Beschreibung eines Lebensphänomens, einer Lebensform die Zusammenführung mehrerer Perspektiven und Disziplinen voraussetzt.

d) *„Die „Vor-Ort-Kirche" bleibt die Grundform der Präsenz in der Fläche,* wenn man dieses Vor-Ort-Sein nicht allein an Ortsgemeinden bindet, sondern auch ‚Orte der Gemeinde' im Blick hat, ... an denen anlassbezogen und situativ Menschen um Wort und Sakrament gesammelt werden" – so die zwölfte These Gundlachs.

Mit dieser These beruft sich Gundlach auf die Beobachtung aus der KMU V, dass „Menschen, die einen Pfarrer / eine Pfarrerin persönlich oder aus der Ferne kennen, in aller Regel keine Austrittsneigung haben, selbst wenn sie sich indifferent verhalten gegenüber den Themen Glaube und Religion" (These 12). Aus dieser Beobachtung und der daraus entwickelten These lässt sich nicht ableiten, dass nicht-parochiale Pfarrstellen[24] nur übernommen werden sollten, wenn sie zugleich mit einer parochialen Pfarrstelle verbunden sind. Auch die Gleichsetzung des Begriffs von der „Arbeit an der Basis" mit der Arbeit als Pfarrer / in in einer Parochie ist nach dem oben genannten Gemeindeverständnis obsolet. Denn warum sollte die Tätigkeit eines Pfarrers oder einer Pfarrerin in einer nicht-parochialen Gemeinde weniger basisnah sein? Was sollte eine Arbeit als „Basisarbeit" qualifizieren, wenn nicht die Grundbestimmungen von Kirche nach CA 7, Verkündigung durch Wort und Sakrament? Entscheidend für eine geringe Austrittsneigung als Maß für die Verbundenheit eines Mitgliedes der Kirche mit anderen Mitgliedern der Kirche scheint vielmehr zu sein, dass *die Organisation Kirche im Lebensumfeld eines Mitgliedes eine Person in ihrem Dienst haben muss, die verlässlich, vertrauensvoll und kompetent „vor Ort" ist,* was u. a. eine längerfristige Präsenz voraussetzt.

---

24 Von „übergemeindlichen Pfarrstellen" kann bei einem Gemeindebild, das mehr Formen als die der parochialen Gemeinde kennt, nicht mehr die Rede sein.

Eine Pastorin, die als Schulpastorin tätig ist, wird von Schülerinnen und Schülern wie von Lehrenden als „ihre" Vertreterin von Kirche im „System Schule" wahrgenommen. Gleiches gilt für Seelsorger und ihre Gesprächspartner in diakonischen Einrichtungen, in einer Justizvollzugsanstalt, in einem Krankenhaus, bei Polizei, Feuerwehr und Militär, in einem Palliative-Care-Team, in der Hospizarbeit oder in anderen Feldern kirchlicher Arbeit. Es ist nicht erkennbar, warum *Orts*pfarrer oder -pfarrerinnen ihre Schlüsselfunktion für den Kontakt von Menschen zu kirchlichen Mitarbeitenden besser erfüllen können sollen als Pfarrer oder Pfarrerinnen in Spezialpfarrämtern. Diese Interpretation der Beobachtungen aus KMU V ermöglicht eine große Freiheit in der Gestaltung von Arbeitsfeldern für Pfarrer und Pfarrerinnen – in der klassischen Parochie, in einem eigenen gesellschaftlichen „System" oder auch in „Fresh expressions of Church", also alternativen Sozialformen gemeindlichen Lebens.

e) Steht das Bild des Pfarrers / der Pfarrerin in Spannung zum Allgemeinen Priestertum? (These 12)
Die KMU V zeigt deutlich, dass der Pfarrer und die Pfarrerin in erster Linie als öffentlicher Repräsentant bzw. öffentliche Repräsentantin der Kirche wahrgenommen werden.[25] Dieses deutliche Erwartungsprofil wirft in zweierlei Hinsicht Fragen auf:

Zum einen spiegelt sich dieses Erwartungsprofil, das von außen an die Pfarrer und Pfarrerinnen herangetragen wird, weder in dem Erwartungsprofil, das Kirchenleitungen in Musterdienstbeschreibungen vorgeben noch in der pfarramtlichen Praxis und ebenso wenig in der Vielfalt der Rollenbilder in pastoraltheologischen Entwürfen. Musterdienstbe-

---

25 Vgl. KMU V, 96–105.

schreibungen zeigen das breite Spektrum pfarramtlicher Tätigkeiten auf, das von Seelsorge über öffentliche Verkündigung, Unterricht, Unterstützung diakonischer Aktivitäten, Bildungs- und Kulturarbeit, Gemeindeleitung, Personalführung, Freiwilligenmanagement bis hin zu Öffentlichkeitsarbeit und Fundraising reicht. Pastoraltheologische Entwürfe stellen den Pfarrer oder die Pfarrerin als Zeuge des Wortes Gottes, als Kommunikatoren des Evangeliums, als Helfer und Seelsorgern, als Geistliche, als Religionshermeneuten, als Theologen, als Professionelle und Schwellenkundige in den Vordergrund und sehen in der öffentlichen Repräsentation von Kirche nur einen kleinen Teil der zentralen Aufgaben des Pfarrers, der Pfarrerin.[26] Einem profilierten Erwartungsprofil von außen steht somit ein recht *diffuses Rollenprofil eines Pfarrers, einer Pfarrerin bzw. ein Rollenprofil, das sich jeder Pfarrer und jede Pfarrerin sich selbst geben muss, gegenüber.*[27] Diese Diskrepanz evoziert auf beiden Seiten Enttäuschungen.

Wenn von dem Pfarrer, der Pfarrerin vorwiegend die öffentliche Repräsentation der Kirche erwartet wird, stellt sich zum anderen die Frage, ob diese Rolle in Spannung zu ehrenamtlichem Engagement in der Gemeinde steht. Diese faktische, von außen kommende Erwartungshaltung mit einer klaren Rollenunterscheidung zwischen Pfarrern bzw. Pfarrerinnen

---

26 Vgl. Michael Klessmann, Das Pfarramt. Einführung in Grundfragen der Pastoraltheologie, Neukirchen-Vluyn 2012, 149–187.

27 Vgl. a. a. O., , 184: „Der Durchgang durch pastoraltheologische Entwürfe des 20. und 21. Jahrhunderts hat gezeigt, dass es grundlegende bleibende Fragestellungen gibt, die je zu ihrer Zeit und je nach theologischer Position des Autors / der Autorin unterschiedlich beantwortet werden. Es gibt bezüglich dieser Fragen keine zeitlos gültigen Lösungen; vielmehr müssen Pfarrerinnen und Pfarrer die Fragestellungen jeweils für sich entscheiden."

und ehrenamtlich Mitarbeitenden spiegelt sich nicht in dem gelebten Selbstverständnis der Pfarrer bzw. Pfarrerinnen und ehrenamtlich Mitarbeitenden wider. Zum einen werden Pfarrer und Pfarrerinnen aufgrund der Organisationsform einer Kirchengemeinde in eine Vielfalt der Rollen hineingezwungen: Er oder sie ist oftmals die einzige Person, die aufgrund der Hauptberuflichkeit verlässlich erreichbar und aufgrund der akademischen Bildung in allen grundsätzlichen, in der Gemeindepraxis auftretenden Fragen von der Seelsorge bis hin zur Bautechnik hinreichend kompetent wirken oder Auskunft geben kann. Zum anderen hat er oder sie nach einem verbreiteten Verständnis des Allgemeinen Priestertums viele seiner/ihrer Aufgaben an ehrenamtlich Mitarbeitende oder Vertreter anderer Berufsgruppen abzugeben – Gottesdienstleitung und Predigt übernehmen auch Lektoren und Prädikanten, Unterricht und Jugendarbeit ist auch das Feld von Gemeindepädagogen oder Diakonen, Seelsorge geschieht auch durch Ehrenamtliche wie in der Hospizarbeit oder durch Psychologen in der Beratungsarbeit, Gemeindeleitung geschieht durch Ehrenamtliche, die aus ihren beruflichen Kontexten Leitungserfahrung mitbringen. Ebenso werden Aufgaben der öffentlichen Repräsentation von ehrenamtlich Mitarbeitenden übernommen – beispielsweise, wenn ehrenamtlich Mitarbeitende einen Kirchenvorstand leiten und repräsentieren. Damit aber wird die Person, die nach der KMU V die Schlüsselrolle in der Kommunikation zu den Mitgliedern jenseits der Hochverbundenen und erst recht zu den Nicht-Mitgliedern einnimmt, durch verschiedene, regelmäßig entsprechend der Legislaturperioden wechselnde Personen ersetzt. Steht die theologische Einsicht vom Allgemeinen Priestertum gegen die faktische Erwartungshaltung, dass die öffentliche Repräsentation durch den Pfarrer oder die Pfarrerin zu leisten ist?

Die theologische Einsicht zum Verhältnis von Allgemeinem Priestertum und ordiniertem Amt und die faktische Erwartungshaltung zur Rolle eines Pfarrers und einer Pfarrerin als öffentliche Repräsentanten der Kirche müssen nicht zwangsläufig gegeneinander stehen: Wenn auf der Basis derselben geistlichen Würde eines jeden Getauften die Beauftragung mit bestimmten Aufgaben und Rollen kompetenzabhängig und an der Wirksamkeit orientiert wird, ist grundsätzlich eine scharfe Profilierung der verschiedenen ehrenamtlich und beruflich Mitarbeitenden möglich. Eine solche Profilierung der Aufgabenbereiche für die verschiedenen Mitarbeitenden lässt sich jedoch nicht einfach aus ekklesiologischen Modellen oder einem systematisch-theologisch entwickelten Amtsverständnis ableiten, sondern setzt eine funktionale Kirchentheorie und ein Organisationsmodell für die jeweilige kirchliche Einheit – also eine Kirchengemeinde oder einen Kirchenkreis oder eine Landeskirche – voraus.[28] In einem solchen Organisationsmodell können die verschiedenen Prozesse die eine solche Einheit ausmachen, mit ihren Funktionen, Rollen und Kommunikationswegen beschrieben und gestaltet werden.

---

28 Vgl. Karl-Wilhelm Dahm, Beruf: Pfarrer. Empirische Aspekte zur Funktion von Kirche und Religion in unserer Gesellschaft, München 1972 (2. Aufl.). Vgl. auch den Versuch, die Einheit eines Kirchenkreises in den Kategorien eines Organisationsmodells nach dem St. Galler Management-Modell zu skizzieren: Ralph Charbonnier, Kirche in Veränderung. Grundlagen und Konkretionen von Veränderungsprozessen im Kirchenkreis, in: Heinzpeter Hempelmann / Hans-Hermann Pompe (Hrsg.), Freiraum. Kirche in der Region missionarisch entwickeln, Leipzig 2013, 77–101, insbes. 84–86; 90–92.

4. Schlussbemerkungen

a) Lebensformen im Kontext von Kulturhermeneutik und Frömmigkeitsbildung

Es ist eine Stärke der KMU V, dass sie die Befragten als Akteure religiöser Kommunikation in den Blick nimmt und die Kirchenmitgliedschaft in der Perspektive eines Netzwerkes der Beziehungshaftigkeit zwischen religiöser und kirchlicher Praxis beschreibt.[29]

Es macht einen Kern des Beitrags Gundlachs aus, dass er nach Kenntnisnahme der vielfach geäußerten Interpretation der KMU V, die Kirchenmitgliedschaft unterliege einer Polarisierung der Kirche zwischen Hochverbundenen und Indifferenten, eine eigene Zusammenschau der Ergebnisse von KMU V vorlegt und auf die hohe Bedeutung der Mehrheit der Kirchenmitglieder zwischen den Hochverbundenen und den Indifferenten hinweist. Mit der Aufnahme des Ansatzes einer „Kritik von Lebensformen" (Jaeggi) bietet er einen Interpretationsrahmen an, der es ermöglicht, den Schritt von der Interpretation der Ergebnisse von KMU V zu Handlungsoptionen für kirchenleitendes Handeln zu gehen: Die Analogie zwischen einer „ethischen Enthaltsamkeit" gegenüber Lebensformen zwischen privaten und öffentlichen Lebensbereichen (Jaeggi) und einer „theologischen Enthaltsamkeit" der Kirche bei der Wahrnehmung, Beschreibung, Stabilisierung und Förderung von christlichen Lebensformen zwischen privatem und öffentlichem Raum ist plausibel. Genau diese theologische Enthaltsamkeit führt leicht dazu, dass die Lebensform der Hochverbundenen normativen und für Kirchenleitungen handlungsleitenden Charak-

---

29 Vgl. KMU V, 6.

ter bekommt und andere Lebensformen kaum eine kritische Würdigung erfahren.

Mit einem an Jaeggi angelehnten Ansatz einer „Kritik von religiösen Lebensformen" muss jedoch auch die Grenze dieses Ansatzes beleuchtet werden: Wie kann eine theologische Gesetzlichkeit vermieden werden, wenn mit den Lebensformen Phänomene im Fokus stehen, die die Aufmerksamkeit auf die äußere Seite des Lebens lenken? Gundlach konzediert zwar, dass Lebensformen „von einer inneren, gleichsam seelischen Seite getragen werden" (These 9). Im Alltagssprachgebrauch wie auch im Theorierahmen Jaeggis sind jedoch bei dem Begriff der „Lebensform" vorrangig sichtbare, äußere Phänomene im Blick.[30] „Überzeugungen" und „Einstellungen" werden zwar auch von Jaeggi als konstitutiv für eine Lebensform angesehen, bleiben jedoch im Hintergrund der Reflexionen.

Aus theologischer Perspektive ist darauf zu sehen, dass mit dem Begriff der Lebensform die Einheit von Innen und Außen, von Seele und Leib im Blick bleibt und als solche Einheit in ihrer Gottesbeziehung gesehen wird.

Exemplarisch seien *zwei Ansätze genannt, die das Anliegen, die Betrachtung von Lebensformen in diesem Sinne theologisch zu nutzen, aufnehmen:*

Zum einen ist hier der ethische Ansatz Trutz Rendtorffs zu nennen, der mit dem Begriff der Frömmigkeit die Innen- und die Außenseite der Lebensformen wie auch die Polarität von Innerlichkeit und Öffentlichkeit zusammenzuhalten versucht. Er definiert: *„Frömmigkeit ist Konkretion der Lebensform der Religion in der individuellen Lebensführung.* Als Frömmigkeit nimmt die Selbstbestimmung durch Religion

---

30 Jaeggi definiert Lebensformen als „soziale Praktiken" (58), als „Praktiken", „Orientierungen", „Ordnungen sozialen Verhaltens" (89).

die Gestalt selbständiger sozialer und persönlicher Praxis an, in der Freiheit und Selbständigkeit gegenüber wechselnden empirischen Lebensumständen gelebt wird."[31] *Die kirchliche und die individuelle Form der Frömmigkeit werden dabei als ein irreduzibles Spannungsverhältnis gesehen.* Diese Ausführungen deuten an, dass der *philosophische* Diskurs zu Lebensformen (Jaeggi) in fruchtbarer Weise auf den *theologischen* Diskurs zu Frömmigkeit bezogen werden kann. Hierzu erscheint es allerdings nötig, dass der Begriff der Frömmigkeit aus seiner durch den Pietismus vorherrschend gewordenen Engführung herausgeführt und in der Intention der Theologie Martin Luthers verstanden wird, nach der in der Frömmigkeit der Glaube im „Beruf in der Welt", in „guten Werken" praktisch wird.

Zum anderen kann man den philosophischen Ansatz einer „Kritik der Lebensformen" theologisch im Zusammenhang kultur- und religionshermeneutischer Ansätze gewinnbringend diskutieren: So formuliert beispielsweise der Berliner Praktische Theologe Wilhelm Gräb: *„Die Herausforderung an Theologie und Kirche besteht deshalb darin, ob sie dieses lebensgeschichtliche Sinnverlangen in ihre Kommunikation über Religion aufzunehmen fähig und in einer die persönliche Lebensgewissheit stärkenden Weise als Religion zu kommuni-*

---

31 Trutz Rendtorff, Ethik. Grundelemente, Methodologie und Konkretionen einer ethischen Theologie, Band II, Stuttgart 1981 (2. Aufl.) 61 (Herv.: R.C.); insbes. der Abschnitt „Frömmigkeit – die subjektive Seite der Religion, 61–64. In diesem Verständnis liberaler Theologie kann gerade nicht von einem „Ende des liberalen Paradigmas" gesprochen werden, wie Gerhard Wegner formuliert (in: Religiöse Kommunikation und Kirchenbindung. Ende des liberalen Paradigmas?, Leipzig 2014, insbes. S. 7–14). Vgl. auch die Kritik an dieser Interpretation der KMU V durch Gerhard Wegner: Georg Raatz, Zwischen Entdifferenzierung und Selbstimmunisierung. Eine kritische Analyse der fünften Kirchenmitgliedschaftsuntersuchung, in: Deutsches Pfarrerblatt 10 / 2014, 552–557.

zieren in der Lage sind. Theologie und Kirche müssen diese Herausforderungen heute gerade angesichts der Tatsache erkennen, dass sie keine Alleinzuständigkeit, weder für die Kommunikation über Religion noch für die Kommunikation *als* Religion, mehr haben."[32]

Mit Hilfe solcher Ansätze können Brücken zwischen dem philosophischen Diskurs um Lebensformen zur Theorie und Praxis der Predigtarbeit, Elementar- und Erwachsenenbildung, Seelsorge, Beratung, intergenerationellen Arbeit, Jugendarbeit und der Spiritualitätsbewegung geschlagen werden. Solche Brücken des transdisziplinären Diskurses können dazu beitragen, Lebensformen auch jenseits der Lebensform der Hochverbundenen in der kirchlichen Arbeit im Blick zu behalten bzw. in den Blick zu nehmen und andererseits einen theologischen Interpretationszugang zur philosophischen „Kritik der Lebensformen" zu gewinnen.

b) Theologische Kritik der Lebensformen als Beitrag zur Diskussion der Ressourcen und der Kontexte kirchlichen Handelns

Handlungsoptionen für Kirchenleitungen lassen sich nicht unmittelbar aus der KMU V erheben. Vielmehr *sind die Handlungsoptionen bzw. Aufgaben der Kirche* in einem konkreten Umfeld zu einer konkreten Zeit *nach dem sogenannten Kybernetischen Dreieck*[33] *aus der wechselseitigen hermeneutischen Verschränkung von Auftrag* („Kommunikation

---

32 Wilhelm Gräb, Lebensgeschichten. Lebensentwürfe. Sinndeutungen. Eine praktische Theologie gelebter Religion, Gütersloh 1998, 43. Vgl. auch die konzentrierte, gekürzte und erheblich überarbeitete Version: Ders., Religion als Deutung des Lebens. Perspektiven einer Praktischen Theologie gelebter Religion, Gütersloh 2006.

33 Vgl. Ralph Charbonnier, Veränderung, 80–83. Vgl. auch das ähnliche, im Detail jedoch zu unterscheidende Modell von Eberhard Hauschildt und Uta

des Evangeliums"), *Ressourcen* (Kompetenzen der Mitarbeitenden, Finanzmittel, Sachmittel, Stärken-Schwächen-Profil etc.) *und Kontext* (Traditionen, Milieus, Mitgliedschafts- und Bevölkerungsstruktur, zukünftige Entwicklungen, Erwartungen etc.) *zu entwickeln*. Eine theologische Kritik der Lebensformen in Anlehnung an eine philosophische Kritik der Lebensformen von Jaeggi, wie Gundlach sie skizziert, kann dabei wesentlich dazu beitragen, die Pole „Ressourcen" und „Kontext" dieses Kybernetischen Dreiecks zu konkretisieren. Auf diese Weise kann eine wesentliche Erkenntnis, die aus der KMU V gewonnen werden kann, dass kirchliche Arbeit immer sowohl für Nicht-Kirchenmitglieder als auch für Kirchenmitglieder entworfen werden sollte, die nicht zu den Hochverbundenen zu zählen sind, in konkrete und vielfältige Impulse für Kirchenleitungen umgesetzt werden.

Dass die Ergebnisse der KMU V eine „vertiefte Nachdenklichkeit über christliche Lebensformen in Zeiten der Individualisierung, der Intimisierung des Glaubens und der religiösen Sprachlosigkeit" (These 12) auf der Basis einer solchen „theologischen Kritik von Lebensformen" nahelegen und dass der Weg zum Reformationsjubiläum 2017 zu einer solchen inneren Besinnung durchaus geeignet erscheint – darin kann Thies Gundlach nur zugestimmt werden.

Pohl-Patalong, in: Kirche. Lehrbuch Praktische Theologie Band 4, Gütersloh, 2013, 415–418.

Wahrnehmungen
und Hintergründe

Volker Jung

Die V. Kirchenmitgliedschaftsuntersuchung der EKD

Annäherungen aus kirchenleitender Sicht

Die Veröffentlichung der ersten Ergebnisse der Kirchenmitgliedschaftsuntersuchung (KMU) hat viel Interesse geweckt. Und es wird bereits fleißig mit den Ergebnissen argumentiert: In einer synodalen Debatte um die Zukunft der Kindertagesstätten wird darauf hingewiesen, dass religiöse Sozialisation in den Familien kaum noch stattfindet. Das gehe aus der neusten KMU hervor. Umso wichtiger seien die evangelischen Kindertagesstätten. Am Kita-Budget darf auf gar keinen Fall gespart werden.

Die Gemeinde, deren Pfarrstelle um eine halbe Stelle gekürzt wird, schreibt einen entrüsteten Brief an die Kirchenleitung. Die Kirchenmitgliedschaftsstudie habe doch gezeigt, wie wichtig die Pfarrerin für die Gemeinde sei. Der persönliche Kontakt, der Menschen davon abhält aus der Kirche auszutreten, sei mit einer halben Stelle nicht mehr zu leisten.

Ähnlich wird in einer Dekanatskonferenz argumentiert, in der man gerade über die Kooperation verschiedener Gemeinden in der Region nachdenkt. Kooperation sei nur begrenzt sinnvoll, da es auf darauf ankäme, dass die Gemeindeglieder wissen, wer ihr Pfarrer bzw. ihre Pfarrerin sei. Das habe doch die KMU gezeigt. Diese Reihe ließe sich noch weiter fortsetzen. Manche, die so argumentieren, haben die ersten Ergebnisse nicht selbst gelesen. Sie orientieren sich an dem, was sie in der Zeitung über die Studie gelesen haben. Deshalb ist es nicht uninteressant, einen Blick auf die mediale Rezeption zu werfen: Es wird durchaus zur Kenntnis genommen, dass es in der KMU für die Kirchen auch positive Befunde gibt: etwa die gestiegene Zahl der Hochverbundenen. Es gibt „mehr treue Christen als gedacht" – so Matthias Kamann in „Die Welt".[1] Als positiv werden auch registriert: die gesunkene Austrittsbereitschaft, die Toleranz gegenüber anderen Religionen, das Sozialkapital, die Anerkennung der Diakonie, die Lebenszufriedenheit.

Auf's Ganze gesehen wird die Situation allerdings dramatisch dargestellt: „Deutsche verlieren ihren Glauben an Gott" (Die Welt).[2] Oder: „Erosion auf fast allen Ebenen. Die neue Mitgliedschaftsuntersuchung der EKD zeichnet ein düsteres Bild" – so Reinhard Bingener in der FAZ.[3] Hier und da wird zwar zugestanden, dass allgemeine Trends wirksam sind, die nicht nur die Kirche treffen, sondern auch andere gesellschaftliche Institutionen. Insbesondere für die beiden genannten Journalisten ist aber klar, dass die evangelische Kirche nicht unschuldig an diesen Entwicklungen ist, weil sie das Falsche tut und von den falschen Leuten geleitet wird. So schreibt Reinhard Bingener: „Die bisherige Erfahrung lehrt allerdings, dass es in Teilen der Führung der evangelischen Kirche keine Scheu gibt, hartnäckig an den empirischen Erkenntnissen vorbeizuarbeiten."[4] Was er damit meint, hat er dann in einem Leitartikel präzisiert, der überschrieben ist: „Auf den Pfarrer kommt es an". Bingener ist überzeugt, dass aus den empirischen Befunden ziemlich klar abgeleitet werden kann, was Kirche zu tun hat und was sie besser zu lassen hat. Da für die Kirchenmitglieder die Ortsgemeinde der entscheidende Bereich ist, in dem Kirche erfahren wird, hat

---

1   Matthias Kamann, Deutsche verlieren ihren Glauben an Gott, in: Die Welt vom 07.03.2014.

2   S. a. a. O.

3   Reinhard Bingener, Erosion auf fast allen Ebenen, in: FAZ vom 10.03.2014.

4   A. a. O.

Kirche die Ortsgemeinden zu stärken. Da die Ortsgemeinden aber primär durch die Pfarrerinnen und Pfarrer repräsentiert werden, geht es darum, möglichst viele Pfarrerinnen und Pfarrer im Gemeindepfarrdienst zu haben. Bingener wörtlich: „Die Kirchen wären als gut beraten, wenn möglichst viele ihrer Pfarrer möglichst viele Kontakte zu möglichst vielen ihrer Mitglieder hätten – und sie ihr Personalregister darauf durchgingen, bei wie vielen die Stellenbeschreibung dies nicht vorsieht. Es dürften vor allem in der evangelischen Kirche nicht eben wenige sein. Denn es sind nicht politische Positionspapiere oder gewinnbringende Auftritte von Bischöfen, die Bindung erzeugen, sondern es ist der Kontakt mit den Pfarrern, vor allem den Gemeindepfarrern."[5] Mit dieser Deutung der Studie wird dann auch das Reformprogramm der EKD „Kirche der Freiheit" kritisiert. In diesem Reformprogramm wurde nicht nur ein illusionäres Wachsen gegen den Trend propagiert, sondern auch auf Leuchtturm- und Profilgemeinden, übergemeindliche Funktionsstellen und die Stärkung der mittleren und oberen Führungsebene gesetzt. Es ist klar, dass deshalb auch das Zukunftsforum der EKD, das im Mai 2014 im Ruhrgebiet stattfand, die falschen Personen adressiert hat. Ein besonderer Kritikpunkt ist dabei das politische Engagement der Kirche. Aus den Ergebnissen zu der Frage, was denn ein religiöses Thema sei, wird abgeleitet, was die Kirchenmitglieder nicht wollen, nämlich „politisierende Pfarrer"[6], denn es sind ja „nur" 51 Prozent, für die Frieden, Freiheit und Gerechtigkeit religiöse Themen sind.

Diese Deutungen arbeiten mit einem klaren Urteilsraster: Die Mitgliederzahl der Kirche geht zurück, die gesellschaftliche Bedeutung der Kirche schwindet. Die Kirche schafft es

---

5   Reinhard Bingener, Auf den Pfarrer kommt es an, in: FAZ vom 17.04.2014.
6   Kamann, Anm. 1.

nicht, ihre Mitglieder zu binden und schon gar nicht zurück-zugewinnen. Auch wenn hier gesellschaftliche Trends wirk-sam sind, liegt der wichtigste Grund für den Bedeutungs-verlust darin, dass Kirche das Falsche tut. Die empirischen Daten hingegen zeigen, was die Menschen erwarten und was deshalb eigentlich zu tun wäre.

Es ist nicht zu unterschätzen, dass etliche kirchlich Enga-gierte, etwa in den Kirchenvorständen oder Dekanatsvor-ständen, diese Interpretation aufgegriffen haben. Vor allem in der Grundtendenz, die besagt: Gemeinden und Pfarrer sind zu stärken. In der Regel ist damit die Meinung verbun-den, die Kirche kümmere sich um die falschen Themen oder predige das Falsche. Hier gehen die Einschätzungen dann aber je nach eigener Position auseinander: zu politisch oder zu wenig politisch, zu fromm und weltfremd oder nicht fromm genug.

Die erste Auswertung der KMU ist in der Tat so facetten-reich, dass sich für alle Deutungen Ansatzpunkte finden las-sen.

In Gesprächen und Diskussionen weise ich darauf hin, dass wir erst am Anfang der Auswertung stehen. Außerdem versuche ich zu erklären, dass die Daten selbst noch nicht sagen, was zu tun ist. Hier braucht es vertiefte Analyse und Reflexion.

Ich möchte hier fünf Fragen zumindest benennen und kurz skizzieren, über die meines Erachtens insbesondere in kirchenleitender Perspektive weiter nachgedacht werden muss. Dabei nutze ich die Tendenz der bisherigen medialen und innerkirchlichen Rezeption zur Profilierung der Frage-stellung und um ansatzweise eigene Überlegungen darzu-stellen. Ich schließe dann mit einer kurzen Schlussbetrach-tung.

1. Was bedeutet die pastorale Schlüsselrolle?

Den Pfarrerinnen und Pfarrern kommt für die Wahrnehmung der Kirche eine besondere Bedeutung zu. Diejenigen, die einen Pfarrer oder eine Pfarrerin – wie auch immer – persönlich kennen, haben eine größere Bindung zur Kirche. Entscheidend ist dabei aber offenbar, dass Pfarrerinnen und Pfarrer als öffentliche Personen wahrgenommen werden und als solche auch die gesellschaftliche Bedeutung der Kirche repräsentieren. Hieraus kann man zweifellos die Konsequenz ziehen, dass es gut ist, möglichst viele Pfarrerinnen und Pfarrer in den Gemeinden zu haben. Eine quantitative Antwort allein reicht allerdings nicht aus – zumal damit schlicht auch immer die Ressourcenfrage verknüpft ist. Es muss auch die Frage danach gestellt werden, was Pfarrerinnen und Pfarrer tun müssen, um für viele erkennbar zu sein. Und es muss gefragt werden, wie diese – auch durch übergemeindliche Dienste – unterstützt werden müssen, um diese Rolle ausfüllen zu können. Weitergehend muss bedacht werden, dass die starke Betonung der Schlüsselprofession zumindest in Spannung zu den übrigen Berufsgruppen in der Kirche und zum ehrenamtlichen Engagement steht. Welche Rolle haben die Pfarrerinnen und Pfarrer in den Gemeinden, in denen sich Hochverbundene auch gerne aktiv engagieren und auch als solche wahrgenommen werden wollen? Denn eines möchte die evangelische Kirche von ihrem Anspruch her nicht sein: eine Pfarrerinnen- und Pfarrer-Kirche. In ihr soll das Priestertum aller Getauften gelebt werden.

2. Welche Bedeutung hat die Ortsgemeinde?

Die Ortsgemeinde ist sicher für viele Menschen mit einer intensiv ausgeübten Mitgliedschaftspraxis der Ort ihres Engagements und als solche wichtig und wertvoll. Zugleich ist sie aber für viele Mitglieder nicht der primäre Ort religiöser Kommunikation. Das ist die Familie. Dies erklärt meines Erachtens auch, warum Manche bei Kasualien wie Taufe oder Trauung nicht die jeweilige Ortsgemeinde, zu der sie gehören, präferieren, sondern die Gemeinde, wo sich die Familie am besten versammeln lässt. Vielleicht kann man es auch so sagen: Die Ortsgemeinde ist sowohl durch die sie repräsentierenden Pfarrerinnen und Pfarrer und auch durch die sie repräsentierenden Kirchengebäude wichtig für die Wahrnehmung der Kirche, sie sind aber damit nicht immer zugleich der Ort der ausgeübten Mitgliedschaftspraxis.

Manche leiten aus der KMU ab, dass es die beste Strategie sei, die kirchliche Präsenz in der Gesellschaft nahezu ausschließlich über die Ortsgemeinden zu gestalten. Deshalb müssten übergemeindliche Aktivitäten begrenzt werden. Dazu gehören Funktionsstellen, mittlere Ebene sowie gesamtkirchliche Leitung und Verwaltung. Aus dieser Perspektive fällt auch ein kritischer Blick beispielsweise auf Akademien oder diakonische Einrichtungen. Insbesondere die sogenannte Unternehmensdiakonie wird wegen ihrer Gemeindeferne in ihrer Bedeutung infrage gestellt.

Ekklesiologisch muss man sich klarmachen, dass mit der Betonung der Parochie letztlich vereinskirchliche Strukturen präferiert werden.

Ich bezweifle sehr, ob es damit gelingt, die Kirche insgesamt zu stärken. Spannend ist hier etwa ein Blick in die Niederlande, wo die Kirche mit diesem Modell gesellschaftlich erkennbar an Bedeutung verloren hat. Sehr interessant ist auch die Entwicklung in Schweden. Dort war die evangelisch-lutherische Kirche bis 1999 Staatskirche. Die Mitgliederzahl ist dort – bezogen auf den Bevölkerungsanteil – von 83,5 % im Jahr 1999 auf 67,5 % im Jahr 2012 zurückgegangen. Das kirchliche Leben in Schweden ist stark parochial orientiert. Das gesellschaftspolitische Engagement ist sehr begrenzt, eine übergemeindliche Diakonie gibt es aufgrund des Sozialstaats nicht. Ich finde es sehr spannend zu beobachten, wie sich die Situation in den nächsten Jahren entwickelt.

Verfolgt man ein anderes Konzept, das auf eine die Ortsgemeinden ergänzende gesellschaftliche Präsenz setzt, sind damit natürlich auch weitere Fragen verbunden, und zwar nicht nur im Blick auf die Ressourcenverteilung. Es ist zu fragen, wie übergemeindlich agiert werden sollte, damit Pfarrerinnen und Pfarrer als öffentliche Repräsentantinnen und Repräsentanten einer gesellschaftlich bedeutsamen Institution wahrgenommen werden. Damit sind Fragen nach gesamtkirchlichen Kommunikationsstrategien gestellt, die von der öffentlichen Präsenz kirchenleitender Personen über die Frage nach der Kommunikation in den klassischen Medien und im Internet bis hin zur Frage der gesamtkirchlichen Themenkampagnen reichen. Außerdem ist hier die Frage des Zusammenhangs von Kirche und Diakonie zu bedenken. Das diakonische Engagement wird sehr geschätzt, ja auch erwartet, wird aber von vielen nicht als Ausdruck des christlichen Glaubens und damit der Kirche verstanden. Summa: Es geht grundlegend um die Frage, was es bedeutet, öffentlich als gesellschaftliche Kraft Kirche sein zu wollen.

3. Was bedeutet die Polarisierung
in der Kirchenmitgliedschaft?

Mit dem Stichwort „Polarisierung" ist ein Ergebnis der KMU beschrieben, das als neuer Trend bewertet werden kann. Auf der einen Seite ist ein großer Anteil der Kirchenmitglieder, die sagen, sie seien „sehr oder ziemlich verbunden", und auf der anderen Seite ein ebenso großer Anteil derer, die sagen, dass sie „kaum oder überhaupt nicht verbunden" sind. Die Mitte, also diejenigen, die sagen, dass sie „etwas verbunden" sind, nimmt ab. Wie ist das zu deuten?

Man muss sich sicher davor hüten, es so zu verstehen, als seien die „Indifferenten" kurz vor dem Kirchenaustritt. Denn es ist ja offenbar so, dass auch die „Indifferenten" noch gute Gründe haben, warum sie Kirchenmitglieder sind und die Kirchenmitgliedschaft auch punktuell selbstbewusst ausüben. Die Polarisierung hat offenbar viel damit zu tun, dass Menschen das, was sie tun oder nicht tun, sehr selbstbewusst als Ausdruck eigener Entscheidung verstehen und nicht der Konventionalität folgen. Gleichwohl wüsste ich gerne mehr über diese Gruppe der „Indifferenten".

Wenn die Polarisierung ein Indiz für eine sehr selbstbewusst gestaltete Kirchenmitgliedschaft ist, dann ist damit meines Erachtens zugleich die Frage gestellt, ob und wie dies akzeptiert wird. Dies gilt übrigens sowohl für das Engagement der Hochverbundenen als auch für die Distanz der Indifferenten. Als Subjekte der Akzeptanz sind hier vor allem die Pfarrerinnen und Pfarrer in den Blick zu nehmen, dann aber auch diejenigen, die mit ihnen Leitungsverantwortung tragen. Mit anderen Worten: Wird akzeptiert, dass Menschen ihre Kirchenmitgliedschaft selbstbewusst gestalten. Oder gibt es ein bewusstes oder unbewusstes normierendes Ideal? Dies ist praktisch sehr bedeutsam – etwa bei der Gestaltung von Kasualien. Wenn die selbstbewusste Gestaltung der Kirchenmitgliedschaft akzeptiert wird, muss weiter gefragt werden: Wie müssen kirchliche Angebote beschaffen sein, damit dies möglich wird? Damit ist natürlich auch die Frage verbunden, wo und wie Grenzen gezogen werden. Um es anschaulich zu machen: Aus der selbstbewusst gestalteten kirchlichen Trauung kann kein buddhistisches Trauungsritual werden. Umgekehrt ist aber zu fragen: Welchen Gestaltungsspielraum gibt es, wenn Kirchenmitglieder eigene, auch religiöse Vorstellungen in die Trauung integrieren wollen? Was ich hier auf die Kasualie zugespitzt dargestellt habe würde ich aber gerne als eine Grundanfrage an die Offenheit kirchlicher Kommunikation verstanden wissen. Um Irrtümer auszuschließen: Es geht hier nicht um Beliebigkeit, sondern es geht um die Grundfrage der Akzeptanz selbstbewusst gestalteter Kirchenmitgliedschaft. Damit wird auch nicht auf kirchliche Dogmatik und Lehre verzichtet – also auf „Orthodoxie" und „Orthopraxie", sondern es wird bewusst gestaltet, dass gelebte Religiosität niemals eins zu eins die gelehrte Religion repräsentiert.

4. Was ist mit den Konfessionslosen?

Zu den Ergebnissen der KMU gehört auch ein sehr nüchterner Blick auf die Konfessionslosen. Gert Pickel stellt fest: „Die meisten Konfessionslosen in Deutschland sind ‚Religionslose' oder religiös Indifferente. Eine reine Kirchendistanz bei gleichzeitiger Religiosität ist nur in Kleinstgruppen der Konfessionslosen feststellbar."[7] Hier wird mit einigen Vorstel-

---

7   Kirchenamt der EKD (Hrsg.), Engagement und Indifferenz. Kirchenmit-

lungen aufgeräumt. Es ist offenbar nicht so, dass Menschen massenhaft aus der Kirche austreten, weil sie anderswo ihre Religiosität besser leben können – sei es in Freikirchen oder in anderen Religionen. Es ist offenbar auch nicht so, dass die Konfessionslosen die umgetriebenen religiösen Sinnsucher sind, die – ohne es selbst zu wissen – aus kirchlicher Sicht nur auf die erweckliche Ansprache warten oder die durch eine groß angelegte Missionierungs- oder Evangelisierungsstrategie erreichbar wären. Diese werden ja hin und wieder verlangt. Gerade angesichts der Konfessionslosen hat die ohnehin problematische Rede von der „Wiederkehr der Religion" ihre Grenzen. Zugleich ist es offenbar auch so, dass bei den Konfessionslosen nicht grundsätzlich mit Religionsfeindlichkeit zu rechnen ist. Für schwierig halte ich es allerdings, die Konfessionslosen generell „abzuschreiben". Gerade für diejenigen, die aus der Kirche ausgetreten sind, gilt nicht einfach: „Wer weg ist, kommt nicht wieder." Zumindest für die Evangelische Kirche Hessen Nassau (EKHN) kann ich sagen, dass die Zahl der Wiedereintritte nicht unerheblich ist und im letzten Jahrzehnt auch leicht gestiegen ist.

5. Was ist mit der religiösen Sozialisation?

Eine der größten Herausforderungen sehe ich in den Ergebnissen zur Familie und zur religiösen Sozialisation. Was bedeutet es, dass der bevorzugte Ort religiöser Kommunikation die Familie ist, zugleich aber in der Familie offenbar Religion nicht mehr gelebt wird und es hier zu Traditionsabbrüchen kommt? Wesentlich für die lebenslange Verbundenheit

---

gliedschaft als soziale Praxis. V. EKD-Erhebung über Kirchenmitgliedschaft, Hannover 2014, 83.

zur Kirche ist aber doch gerade die religiöse Sozialisation in der Familie. Die ist offenbar nur schwer nachzuholen. So führen auch der Religionsunterricht und die Konfirmandenzeit bei vielen nicht dazu, dass sie sich als religiös sozialisiert verstehen. Aus den Studien zur Konfirmandenzeit wissen wir, dass diese von vielen Jugendlichen sehr geschätzt wird. Trotzdem finden wir in dieser Altersgruppe die größte Austrittsbereitschaft. Das bedeutet nicht, dass daraus auch Austritte werden.

Für mich stellt sich hier die Frage, was getan werden kann, dass Religion erfahrbar gelebt wird. Für mich stellt sich aber auch die Frage, welchen Veränderungen Religiosität und auch Kirchenmitgliedschaft in unterschiedlichen biographischen Phasen unterworfen ist und was dies für die kirchlichen Angebote bedeutet.

Ich schließe mit einem kurzen thesenartigen Fazit. Ich halte es für unangemessen, aus den Ergebnissen der KMU kurzschlüssig und monokausal Handlungsstrategien abzuleiten. Ebenso ist es unangemessen, sich angesichts der erkennbaren Veränderungen mit einem einfachen „Weiter so" zu begnügen. Meines Erachtens sind neben der gründlichen Auswertung der Daten – und ich bin auf die Netzwerkanalyse sehr gespannt – Deutungen erforderlich. Diese Interpretationen sollen dazu anleiten, zwischen gesellschaftlichen Trends und Entwicklungen zu unterscheiden, die kirchlich nicht beeinflusst werden können, und zwischen dem, was gestaltet werden kann. Wenn dann Handlungsoptionen entwickelt werden, sind diese auf ihre ekklesiologischen Implikationen und möglichen Folgen hin zu reflektieren.

Ich will ihnen nicht vorenthalten, in welche Richtung ich selber dabei denke: Meines Erachtens ist es nötig, dass wir als evangelische Kirche mit erkennbarem Profil in dieser

Gesellschaft *vielfältig* präsent sind. Eine besondere Bedeutung kommt dabei Personen und Orten zu. Das kirchliche Leben in Gemeinden und Einrichtungen soll Gestaltungsräume für unterschiedliche Formen gelebter Kirchenmitgliedschaft öffnen.

Die ekklesiologische Grundfrage muss sein, auf welche Weise – orientiert an der Lebenswirklichkeit – Kirche ihrem Auftrag gerecht wird, das Evangelium in dieser Welt zu bezeugen. Die Orientierung am Auftrag ist, um es mit der 6. These der Barmer Theologischen Erklärung zu sagen, vorrangig und darf deshalb nicht in den Dienst „irgendwelcher eigenmächtig gewählter Wünsche, Zwecke und Pläne" gestellt werden. Darunter fällt meines Erachtens auch eine kritiklose Orientierung an der Empirie, wenn sie Erwartungen der Kirchenmitglieder dem Auftrag vorordnet. Wie anspruchsvoll dabei gerade die Aufgabe der Theologinnen und Theologen ist, hat kein Geringerer als Karl Barth so gesagt:

„Natürlich nicht nach ihren ersten besten Motiven werden wir sie [die Menschen, V. J.] fragen dürfen, als ob sie uns so ohne Weiteres sagen könnten, was sie von uns wollen. Um das Motiv ihrer Motive handelt es sich, darum, die Menschen um uns her in ihrer auf uns gerichteten Erwartung besser zu verstehen als sich selbst verstehen. Ist es nicht so: Unsre Existenz als Theologen ist doch nur zu verstehen auf Grund der Existenznot der andern Menschen. Zum Aufbau ihrer Existenz mit allem, was dazu gehört, brauchen sie uns nicht. Das besorgen sie ohne unsre Ratschläge, und zwar besser als wir gewöhnlich denken."[8]

---

8 Karl Barth, Das Wort Gottes als Aufgabe der Theologie (1922), in: Anfänge der dialektischen Theologie Teil I, hrsg. v. Jürgen Moltmann, München 1977, 199 f.

Hanns-Stephan Haas

Diakonie in der realen Kirche

Die V. Kirchenmitgliedschaftsuntersuchung aus diakonischer Sicht

Gerne komme ich der Einladung der Herausgeber nach, die KMU V[1] und die ersten Diskussionsbeiträge[2] aus diakonischer Sicht zu kommentieren. Die folgenden Kommentierungen unterliegen dabei einer mehrfachen Einschränkung:

– Die Stellungnahme erfolgt aus der eingeschränkten Perspektive eines diakonischen Unternehmens, namentlich der Evangelischen Stiftung Alsterdorf in Hamburg. Diese Perspektive bedingt einerseits eine lokale Einschränkung, da wir in der Nord-Süd-, vor allem aber in der West-Ost-Achse erheblich unterschiedliche kontextuelle Faktoren antreffen. Andererseits bedingt die Kommentierung aus unternehmerischer Sicht, dass ich nicht in gleicher Weise andere Gestaltungsformen der Diakonie (Gemeinde, Verband) im Blick habe.

– Persönlich verfüge ich nicht über eine kirchensoziologische Kompetenz und auch nicht über einen eigenen

---

1   Engagement und Indifferenz. Kirchenmitgliedschaft als soziale Praxis. V. EKD-Erhebung über Kirchenmitgliedschaft, hrsg. v. Kirchenamt der EKD, Hannover 2014. Die Zitate und Belege aus dieser Erhebung werden im Folgenden nur mit der Seitenzahl in Klammern in den Fließtext eingebaut.

2   Hierbei beziehe ich mich insbesondere auf die Kooperationsveranstaltung der Führungsakademie für Kirche und Diakonie und der Evangelischen Akademie zu Berlin am 25.06.2014, dokumentiert in: Mehr Fragen als Antworten – Konsequenzen aus der neuen Kirchenmitgliedschaftsstudie für das Leitungshandeln in der Kirche (epd-Dokumentation Nr. 36), Frankfurt a. M. 2014; im Folgenden zitiert in Klammern als epd 36.

Datenbestand, die ich zum Erreichen einer höheren Belastbarkeit einsetzen könnte. Insofern bewegt sich meine Kommentierung vielfach auf dem Niveau von subjektiven Wahrnehmungen und Vermutungen, die ich bewusst dem Irrtumsvorbehalt und vor allem besseren Einsichten unterstellen möchte.

– Ich unterscheide im Folgenden nicht zwischen einer Kommentierung der Befragungsergebnisse und der ersten Diskussionsbeiträge. Neben einem arbeitsökonomischen Hauptargument ist dies durch die Hoffnung motiviert, dass es zum jetzigen Zeitpunkt besonderen Sinn macht, den Diskussionsprozess so besser prägen zu können.

Zunächst sei einmal betont, dass mit Kommentierungen aus diakonischer Sicht ein Desiderat des bisherigen Prozesses aufgegriffen wird, dass die KMU-Ergebnisse bisher zu wenig in der Diakonie rezipiert worden sind und die besonderen Frageinteressen der Diakonie nicht ausreichend in die Befragungsdurchführung eingeflossen sind. Dies zu korrigieren wäre die Basis, den Dialog zwischen Diakonie und Kirche inhaltlich weiterentwickeln zu können. Dass es mir um diesen geht und in ihm um ein konstruktives Miteinander von Diakonie und Kirche, sei nicht nur um des guten Tons willen vorangestellt.

1. Ent-täuschte Kirche

Den Kirchenmitgliedschaftsuntersuchungen ist von Beginn an ein enger Zusammenhang von Faktendarstellung und Interpretation eigen. Nicht selten stellte dabei die jeweils neue Befragung in ihren Ergebnissen vorangegangene Interpretationen infrage. Diese Beobachtung drängt sich massiv im Zusammenhang der jüngsten Untersuchung auf. Als wesentliche Korrekturen stellen sich dabei heraus:

- Die Annahme eines breiten Mittelfeldes von Konfessionslosen, die aufgrund ihrer individuellen Religiosität prinzipiell für die Kirche zurückzugewinnen sind, lässt sich nicht länger aufrechterhalten: „Konfessionslose sind gleichgültige Religionslose und nicht religiöse Individualisten." (83)

- Der Trend zu einer wachsenden Bedeutungslosigkeit der Kirchen kennt keine signifikanten Ausnahmefelder mehr. Selbst die Kasualien als die lange Zeit hoch attraktiven Passageriten an biographischen und familiären Kristallisationspunkten werden weniger nachgefragt, der Berufsstand der Pastorinnen und Pastoren sinkt in seiner Wertschätzung (vgl. 128), und selbst das gute Image der Diakonie führt nicht zu kirchlichem Akzeptanzgewinn, schlicht weil das diakonische Engagement nur noch eingeschränkt der Kirche zugeschrieben wird (vgl. 94).

- Die desillusionierende Wahrnehmung wird nun noch dadurch zugespitzt, dass die Kirche nicht nur im Zusammenhang hinlänglich bekannter demographischer Entwicklungen unterjüngt ist und zukünftig noch mehr sein wird, sondern die Abschmelzung noch dadurch beschleunigt wird, dass jüngeren Menschen „die Anschlussfähigkeit an Religion, wie sie in der evangelischen Kirche praktiziert wird" (72) schlichtweg fehlt. Mag die Austrittsbereitschaft einer abgeschmolzenen Kirchenmitgliedschaft so gering sein wie nie zuvor, bei der nachwachsenden Generation bleibt sie signifikant und so scheint eine neue Alternative nahezuliegen: „Seniorenkirche statt Volkskirche" (70).

Prägnant hat der langjährige Kenner der Szene Gerhard Wegner aus religionssoziologischer Perspektive den Nenner gezogen: „Die KMU V stellt eine Art Ent-Täuschung dar ..." (epd 13). In der Folge dieser Ent-Täuschungen werden auch die bisherigen strategischen Optionen eines Wachsens gegen den Trend kritisch befragt.

2. Wahrnehmungen aus der Diakonie

Für viele Insider in der Diakonie, speziell in ihrer zahlenmäßig größten Spielart, der unternehmerischen Diakonie, sind die Ergebnisse der KMU V keine Überraschung gewesen. Besonders drei Beobachtungen sind hier von besonderer Relevanz:

- Ohne auf Umfragen gleicher Seriosität zurückgreifen zu können, wie dies in der evangelischen Kirche möglich ist, gehört es zur Alltagserfahrung in der Personalgewinnung, dass neue Mitarbeitende nur noch in geringem Maße aus einer kirchlichen Sozialisation und mit entsprechender Motivation in die diakonische Arbeit kommen. Die Anzahl derer, die in ihren Lebensläufen auf eine ehrenamtliche Mitarbeit in der kirchlichen Jugendarbeit verweisen, hat signifikant abgenommen. Für die Akquise ist dies in Zeiten einer abnehmenden Fachkraftquote ein ernst zu nehmendes Problem, zumal mit dem Wegfall des Zivildienstes ein weiterer Einstiegsweg vor allem junger Menschen in diese Arbeit verloren gegangen ist.

- Auf der Seite der Klienten und Patienten sowie ihres privaten Umfeldes ist die diakonische Praxis ein Glaubwürdigkeitsfaktor der Kirche, sofern, und dies ist entscheidend, eine Verknüpfung mit der Kirche hergestellt wird. Fraglos wird oder genauer gesagt kann in der Diakonie

„das Sozialkapital der Kirche" (epd 8) erarbeitet werden. In der Negation gilt allerdings auch das Umgekehrte: Menschen, die erfahren, dass wesentliche Arbeitsfelder der Diakonie völlig ohne kirchliche Mittel und Zuwendungen auskommen, reagieren nicht nur erstaunt, sondern ebenso enttäuscht. Die Plausibilisierungskraft der Diakonie für die Kirche ist damit deutlich kein Selbstgänger.

– Für Klienten stellt die KMU V fest, dass „Konfessionslose der Diakonie nicht nur weitaus mehr Vertrauen entgegenbringen als den Kirchen", sondern dass im Kontext der Berührung mit Diakonie „ein Rahmen, in dem sogar religiöse Kommunikation denkbar werden kann" (13) entsteht. Aus der Perspektive diakonischer Praxis verdient diese Beobachtung allerdings eine Korrektur und eine Erweiterung. Korrektur deshalb, weil die sprachlichen Signale „sogar" und „denkbar werden kann" den Eindruck erwecken könnten, hier handele es sich um ein randständiges Potential. Faktisch aber ist die existentielle und religiöse Kommunikation in der Diakonie eine Erfahrung. Hier kann der Fokus sogar deutlich erweitert werden. Denn es sind nicht nur Klienten, die die Diakonie als Raum der existentiellen und religiösen Kommunikation nutzen, es sind vor allem auch die Mitarbeitenden, die diese Kommunikationsdimension einfordern oder, wenn sie angeboten wird, nutzen. Dabei scheint es eine Grundregel zu geben: Je näher die religiöse Kommunikation an den Arbeitsvollzügen des Alltages ist, desto eher wird sie angenommen.[3] Und dies scheint für viele

---

3 Vgl. dazu etwa Joachim Reber, Christlich-spirituelle Unternehmenskultur, Stuttgart 2013, 49: „Spiritualität ist keine religiöse Sonderwelt, die abseits vom Alltag in den Einrichtungen und Diensten stattfindet, sondern sie gewinnt genau in diesem Alltag ihre Gestalt."

Mitarbeitende immer alternativloser zu sein, wie es eine Mitarbeiterin für mich einmal symptomatisch auf den Punkt gebracht hat: „Entweder ich lebe hier in der Stiftung meinen Glauben oder ich lebe ihn eben nicht." In diesem Sinne hat die Diakonie dann nicht nur, wie in der KMU V formuliert, eine „Brückenfunktion" (13) der Kirche in die Gesellschaft, sie ist erfahrene Kirche in der Gesellschaft.

Die drei angeführten Aufnahmen der KMU V haben zugestanden eine subjektive Einfärbung. Dennoch möchte ich in diesem Zusammenhang einige Konsequenzen andeuten, die empirisch, aber vor allem praktisch zu erproben wären:

– Angesichts einer schwindenden Kirchenmitgliedschaft insbesondere jüngerer Menschen ist das regelhafte Festhalten an einer Konfessionszugehörigkeit als (Fest-) Anstellungsvoraussetzung eine Realitätsverweigerung. Die Diakonie ist und bleibt daran interessiert, dass religiös und kirchlich geprägte Menschen ihren Weg in die Mitarbeiterschaft der Diakonie finden. Dennoch kann eine wachsende Diakonie nicht auf eine schrumpfende Kirche als Akquisepool setzen.[4] Sie muss sich planvoll öffnen für Menschen, die leitbildgebunden bei ihr arbeiten wollen.

– Aus ihrem Selbstverständnis heraus hat die Diakonie eine kirchliche Verantwortung, die letztlich tautologisch eine Selbstverantwortung ist. Wenn sie der Ort existentieller und religiöser Kommunikation ist, dann muss sie diesen Ort auch nutzen und gestalten. Wenn sie erfahrene Kirche mitten in der Gesellschaft ist, dann muss sie

---

4   Dass diese Sichtweise letztlich nicht auf einem personalstrategischen Argument ruhen kann, belegen die Ausführungen und Beiträge in Hanns-Stephan Haas / Dierk Starnitzke, Diversität und Identität, Stuttgart 2015.

die konfessionelle Bindung als systemische Herausforderung auch annehmen. Sie tut dies in eigenem Interesse,
sollte sich aber zugleich durch die verfasste Kirche unterstützt erfahren.

Diese zwei recht schlichten Schlussfolgerungen könnten in
der Konsequenz der KMU V eine Korrektur des Miteinanders
von Diakonie und Kirche mitsichbringen. Die Energieströme
würden von formalen Zuordnungen zu inhaltlichen Pro-
grammen umgelenkt werden können. Gestaltungsräume
würden nach innen (christliche Unternehmenskultur) wie
nach außen (Quartiers- und Sozialraumprojekte) genutzt
und die Gewinnung (evangelische Schulen) und Begleitung
von Mitarbeitenden (diakonische Profilentwicklung) als gemeinsame Aufgaben angegangen werden.

3. Wahrgenommene Diakonie. Ein Wunsch zum Schluss

Noch einmal sei Gerhard Wegner zitiert: „Die KMU nehmen
leider traditionell das Feld der Diakonie zu wenig in den
Blick" (epd 8). Hinzufügen möchte man: Sie nehmen die Diakonie auch verzerrt oder verkürzt in den Blick. Denn wenn
die diakonische Kennungsfrage in der KMU V lautet, ob
die Befragten meinen, dass die evangelische Kirche „Arme,
Kranke und Bedürftige betreuen" (90) sollte, dann atmet
dies die Luft des rückständigen Paternalismus, in dem sich
die sozialen Dienstleistungen der Diakonie nur sehr bedingt
abbilden lassen. Ich verzichte hier auf eine Auflistung der
Tätigkeitsbereiche der Diakonie, würde mir aber für die kommende KMU wünschen, dass sie ein differenzierteres Bild
von Diakonie zur Grundlage ihrer Befragung macht. Denn
es wäre von hohem Erkenntniswert, welche Dienstleistungen von der Diakonie erwartet werden und welches Image

bestimmte Organisationsformen von Diakonie haben. Ich ahne, dass es für die Diakonie dabei auch zu ernüchternden Ent-Täuschungen kommen kann. Sofern diese aber Selbsttäuschungen ein Ende setzen, sind sie – wie bei der KMU V – nur heilsam.

Maren Lehmann

Zwei oder Drei

Lektüre- und Kommentarversuch zur
V. Kirchenmitgliedschaftserhebung der EKD
aus netzwerktheoretischer Sicht

„Als Mitglied muss man es vermeiden, sich durch sich selbst stören zu lassen."[1]
Also bleibt „die Frage, wie der Mensch in formalen Systemen, die nach einer eigenen Logik organisiert sind, Mensch bleiben, das heißt, im Sinne seiner Bestimmung vernünftig handeln kann."[2]
(Niklas Luhmann)

Die folgenden Überlegungen stellen einen Lektüreeindruck zur Dokumentation der V. Kirchenmitgliedschaftserhebung der EKD vor,[3] kreuzen diesen Eindruck durch mitlaufende soziologische Notizen und versuchen nebenher, diesen Eindruck zu kommentieren. Kenner der Dokumentation werden diese Lektüre nicht brauchen; da die Dokumentation aber ausdrücklich eine Netzwerkperspektive einzunehmen und gegen die strikte Organisationsperspektive einzuwen-

---

1 Niklas Luhmann, Organisation und Entscheidung, Wiesbaden 2000, 85.

2 Niklas Luhmann, Funktionen und Folgen formaler Organisation. Mit einem Epilog 1994, 4. Aufl. Berlin 1995, 382.

3 Ich zitiere nach dem PDF der von der EKD (2014) herausgegebenen Broschüre, die die Herausgeberin in bezeichnender, nämlich von ihrer eigenen Verwendung des Interaktionsbegriffs abweichender Weise „interaktiv" nennt (dabei ist es eben ein „file", eine Akte, ein Schriftstück); im Folgenden zitiert als „KMU V"; Angaben im lfd. Text ohne weitere Details geben Seitenzahlen der Broschüre an.

den fordert, müssen Wahrnehmungen ihr Recht gegen und neben Kommunikationen behaupten wie Erfahrungen ihr Recht gegen Wissen oder Leute ihr Recht gegen Experten. Netzwerktheorie zeichnet Spuren in Ökologien auf. Sie beobachtet und beschreibt im engeren Sinne immer *von innen* (diesseits, nicht jenseits einer Umwelt), nie von außen; und sie beobachtet und beschreibt *von unten*, nicht (wie die Organisationstheorie) von oben. Daher kann sich der soziologische Kommentar schon aus Seriositätsgründen nicht auf den kritischen Vergleich der vorliegenden Erhebung mit früheren Mitgliedschaftserhebungen beschränken, weder in begrifflich-konzeptioneller noch in methodisch-empirischer Hinsicht. Stattdessen wird er einige deskriptive Längen haben; das ist unvermeidlich.

Vorab sei dennoch schon ein Eindruck genannt, den die Erhebung vermittelt: Sie ist eine Beobachtung von oben, aus der Organisationsperspektive; sie beobachtet nicht *von* unten, sondern schaut (mehr oder minder interessiert, mehr oder minder schockiert) *nach* unten. Dort sieht sie entsprechend zugleich nichts und sich selbst, Indifferenz und Engagement. Der weite ökologische Raum jedoch, den sie erkunden wollte, zeigt sich nicht, er scheint leer. Die soziale Praxis spielt sich an den Rändern ab, auf den Grenzen, die nichts anderes sind als die immer prekäre Entscheidung über die Mitgliedschaft. Was sich zeigt, ist die formale Organisation – was auch sonst, geht es doch um eine Mitgliedschaftserhebung. Um das zu ändern – etwa, um eine Kirche sehen zu können, die keine Mitgliedschaftsorganisation ist, sondern ein soziales Netz –, hätte man, ich wiederhole mich, *von unten* sehen müssen, nicht *nach unten*.

Wir beginnen von vorn, mit größtmöglicher – sukzessive schwindender – Naivität lesend, betrachtend, impressionistisch, alles Gesehene für gleichrangig haltend, die auftauchenden oder aufkreuzenden soziologischen Assoziationen mit größtmöglicher – sukzessive schwindender – Demut als mögliches Vorurteil hinnehmend, eher sich selbst als den Text in Frage stellend, das „wir" (den akademischen Pluralis majestatis) daher vorsichtigerweise auf „ich" (die christliche Confessio) zurücknehmend.

Titel

Auf dem Deckblatt (illustriert mit einem bunten Sammelsurium aus Autos, Teddies, Obst, Torten auf und neben Tellern, Bäumchen, Wölkchen, Schirmchen, Schiffchen, verschiedenen Diagrammen, einer Landkarte, einem Kristall, einer Windrose, einem Metermaß, einem Bleistift, einem Handy, einem rosa Zettel „2000 Nele-Sofia", einem auf den Zettel zeigenden Pärchen mit einem etwas aufdringlichen männlichen Part und, zentral, einem offenbar Gift spritzenden Arbeiter) lese ich unter dem Titel „Engagement und Indifferenz" den Untertitel „Kirchenmitgliedschaft als soziale Praxis". Mein erster Gedanke: Das Pärchen und der Arbeiter sind irgendwie engagiert; der Rest sind indifferente Sachen. Mein zweiter Gedanke ruft die Grundlegung der Mitgliedschaftserhebungen der EKD in systemtheoretischen Konzeptionen der Organisierbarkeit von Religion in Erinnerung[4] und stellt fest: Jetzt sind Niklas Luhmann, der pathetische Theoretiker formaler, also desengagierter Mitgliedschaft, Pierre Bourdieu, der leidenschaftliche Theoretiker distinktiver, also

---

4 Vgl. Niklas Luhmann, Die Organisierbarkeit von Religionen und Kirchen, in: Jakobus Wössner (Hrsg.), Religion im Umbruch. Soziologische Beiträge zur Situation von Religion und Kirche in der gegenwärtigen Gesellschaft, Stuttgart 1972, 245–285.

differenzierender Praxis, und Bruno Latour, der spielerische Theoretiker hybrider, also Natur, Kultur und Technik assoziierender Strukturen, in dasselbe Untersuchungsfeld geraten.[5] Drei der leistungsfähigsten Theorien sozialer Netze also, die die Soziologie überhaupt zu bieten hat, leiten die V. Mitgliedschaftserhebung an? Das verspricht viel.

Ich sehe aber auch, dass der Titel nicht konstruktiv, sondern suggestiv formuliert ist, mit einem gewissen destruktiven *Touch*. Denn er lädt mich sogleich ein: Engagement (aber ja, was sonst? Her mit der Sprühflasche und / oder dem Kerl); er lädt mich aber auch sogleich aus: Indifferenz (aber nein, wieso? Was geht mich das ganze Zeug an?). Diese Suggestion macht mich nervös, weil die Einladung zum Engagement unspezifisch ist, also indifferent (Wieso ich? Wieso jetzt? Worum geht's überhaupt?). Dadurch werde ich zu einer Reserve provoziert, einem Zögern, das mich gleichwohl an die Einladung binden würde, wenn es nicht durch die Opposition zur Indifferenz im selben Zug merkwürdig diskreditiert würde, einfach durch die Gegenüberstellung: Engagement, nicht Indifferenz. Aus Nervosität wird Misstrauen. Mein Eindruck ist: Ich werde zu indifferentem Engagement aufgefordert. Einfach mitmachen. Mitgliedschaft. Und wieder ein soziologischer Zweifel: Die ersten Mitgliedschaftserhebungen hatten ja mit mehrstufigen Mitgliedschaftsvarianten gearbeitet, um die gesellschaftliche Dimension

---

5 Vgl. neben Luhmann, a. a. O., nur Pierre Bourdieu, Die feinen Unterschiede. Kritik der gesellschaftlichen Urteilskraft, Frankfurt a. M. 1982; ders., Praktische Vernunft. Zur Theorie des Handelns, Frankfurt a. M. 1998; Bruno Latour, Wir sind nie modern gewesen. Versuch einer symmetrischen Anthropologie, Frankfurt a. M. 1998; ders., Eine neue Soziologie für eine neue Gesellschaft. Einführung in die Akteur-Netzwerk-Theorie, Frankfurt a. M. 2007.

der Kirche neben der organisationalen Dimension ins Spiel zu bringen; dies verdankte sich Talcott Parsons' Definition von „inclusion": „more or less full membership in a wider solidary system" (und das könnte eine Kirche ja sein).[6] Diese gesellschaftliche Perspektive wird hier offenbar zugunsten einer strikten organisationalen Perspektive aufgegeben (vgl. 129), weil es keinen dritten Wert mehr gibt: Die Formulierung einer Opposition bzw. einer Alternative liegt nur dann nahe, wenn es um formale, das heißt entscheidungsbasierte Mitgliedschaft geht. Kinder, Küche, Kirche? Alles weg, „in der Luft" (129). Es ist auch klar, dass diese Alternative zwar sowohl ein „Und" als auch ein „Entweder-Oder" zum Ausdruck bringen muss, denn wären nicht beide Seiten der Alternative verfügbar und lebbar, dann wäre die Entscheidung keine (sondern eine Nötigung). Was sollte aber zur Bezeichnung dieser Alternative als Engagement einerseits und Indifferenz andererseits zwingen (man hätte ja ganz klassisch auch von Rolle und Person sprechen können oder von Identität und Individualität oder von Besonderheit und Allgemeinheit oder von Kirche und Gesellschaft oder von System und Umwelt)? Ist *Engagement versus Indifferenz* tatsächlich die Unterscheidung, die den Entscheidungen handlungsleitend zugrunde liegt (und darum geht es doch, wenn es um soziale Praxis geht), oder *klingt* sie nur nach Handlung?

Der aktivistische *Sound* macht mich jedenfalls nervös. „Was tun?" – das scheint noch immer eine *brennende Frage* zu sein,[7] wie sie der Kirche ja auch in der nautisch ver-

---

6   Talcott Parsons, Commentary on Clark, in: Andrew Effrat (Hrsg.), Perspectives in Political Sociology, Indianapolis / New York 1972, 299–308, hier: 306.

7   Vladimir I. Lenin, Was tun? Brennende Fragen unserer Bewegung (1902), in: Ders., Ausgewählte Werke in drei Bänden, Bd. I., 8. Aufl. Berlin 1970, 139–314.

brämten Aufklärungsmetapher der *Leuchtfeuer* vertraut ist.[8]
Der Untertitel macht es mir dann aber ganz leicht, weil er nur
noch positive Formulierungen kennt. Auf den ersten Blick
fällt die Übersetzung des „und" in ein „als" auf; sie erzeugt
im Kontext des Titels einen Sog nach links: Kirchenmitgliedschaft *als* soziale Praxis, also Engagement *statt* Indifferenz.
Das liest sich wie: Kaufen, nicht anschauen. Kämpfen, nicht
fliehen. Schaffen, nicht denken. Joggen, nicht sitzen. Wachen,
nicht schlafen. Flüssig, nicht stockend. Aktiv, nicht kontemp-
lativ. Direktiv, nicht reflexiv. Positiv, nicht negativ. Ich nehme
angesichts des Titels an, dass es um eine Mitgliedschafts-
form geht, die nicht als Zustand oder Status, sondern als Haltung und Handlung verstanden werden soll: als engagierte
Praxis. Der Untertitel schlägt außerdem, der Sprachmelo-
die folgend, eine Verknüpfung nicht nur von *Mitgliedschaft*
und *Praxis*, sondern auch von *Kirche* und *sozial* her: Kirche
ist sozial, Mitgliedschaft ist Praxis, Kirchenmitgliedschaft ist
soziale Praxis. Auch das ist suggestiv, denn all das rangiert
in der Titelunterscheidung auf der Seite des Engagements,
während das Nichtsoziale, Unpraktische, Unsichere, Haltlose
auf die Seite der Indifferenz gerät – und ich ahne, dass sich
hier dann auch das sogenannte Konfessionslose wird ansie-
deln lassen müssen, mit dessen sozialer Verortung bereits
die älteren Mitgliedschaftsuntersuchungen ihre Schwierig-
keiten hatten. Ein weiterer soziologischer Gedanke taucht
auf, denn im Grunde sehe ich mich in die Melancholie-The-
rapien des 18. Jahrhunderts versetzt, die ja in den Burnout-
Therapien unserer Zeit und ihrer Rekonvaleszenz zu sozialer
Fitness weitergeführt werden. Ich vermute, es mit Diagnose

---

8 Kirche der Freiheit. Perspektiven für die evangelische Kirche im 21. Jahrhundert. Ein Impulspapier, hrsg. vom Rat der EKD, Hannover 2006; zit.
   KMU V, 128.

und Therapie einer *Communio fatigatorum* zu tun zu haben, einer Gemeinschaft der Erschöpften, die wieder auf die Beine und in die Kirche kommen sollen. Daher vielleicht die frohsinnigen Illustrationen.[9]

Kurz: Ich beginne die weitere Lektüre mit dem Anfangseindruck, einer suggestiv formulierten Beschreibung ausgesetzt zu sein. Die Untersuchung scheint keinem erkenntnisinteressierten, sondern einem umsetzungsinteressierten Zug zu folgen. Sie hat ein Ziel und will herausfinden, ob es durchsetzbar ist. *So fühlt man Absicht, und man ist verstimmt.*

Einleitung

Tatsächlich weist die Einleitung die Erhebung umstandslos als Programmschrift aus. Eine trickreiche, soziologisch aber wohlbekannte Volte steht am Anfang: Es gehe um eine Untersuchung der „Zugehörigkeit zur Kirche aus der Sicht Einzelner" (4). Gemeint ist aber nur ein methodologischer Vorbehalt, weil ‚die Einzelnen' ja statistische Ereignisse sind, keine individuellen Personen (das behauptet der Text gleichwohl: „Befragte werden als eigenständige religiöse Subjekte und zugleich als Personen in einem vielfältigen Beziehungsgefüge verstanden ..., als Akteure religiöser Kommunikation", 4 f.). Zugleich erinnert dieser Hinweis (je nach Erkenntnisinteresse) an die Notwendigkeit und die Möglichkeit, das Ergebnis gerade um Einzelauffassungen statistisch, aber eben auch programmatisch zu bereinigen. Letzteres wäre sozialwissenschaftlich absurd („eine empirische Wis-

---

9 Vgl. dazu Maren Lehmann, Negative Distanz, in: Dies., Theorie in Skizzen. Berlin 2011, 173–207.

senschaft vermag niemanden zu lehren, was er soll", so Max
Weber,[10] weil die „prinzipielle Scheidung von Erkenntnis des
‚Seienden' und des ‚Seinsollenden'" nicht zu überbrücken
ist: „Nicht Lösungen bieten, sondern Probleme aufzeigen,
wollen wir""). Kirchenpolitisch und organisationspraktisch
aber wäre es verständlich, ja geradezu geboten, und daher
spricht der Text sogleich von der „Orientierungsleistung der
KMU", die verbunden sei „mit einer konstruktiven Irritation
eingefahrener Wahrnehmungs- und Handlungsmuster" (4).
Mir wird also klar, dass ich es nicht mit einem soziologischen
Text zu tun habe, so sehr er auch als ‚Erhebung' auftritt; es
handelt sich um ein mit Daten unterfüttertes Programm in
kirchenleitender Absicht. Ich setze die Lektüre also fort in
dem Wissen, dass die Daten erhoben wurden mit dem Ziel
oder wenigstens in der Hoffnung, ein Programm zu unter-
füttern bzw. die Kirchenleitung mit Nachrichten aus dem
Milieu zu versehen, das sie zu ordnen hat.

Ein solches zugleich kirchen- und erkenntnisleitendes
Programm orientiert sich üblicherweise an einer Defizit-
beobachtung, einer Misslingenserfahrung, die auf einen
Fehler bisheriger Programme zurückgeführt wird. Der Sinn
des vorliegenden Textes dürfte eine Nachjustierung sein,
eine Reparatur, vielleicht sogar ein Umbau. Das Mittel der
Wahl dafür ist üblicherweise eine aktuelle intellektuelle
Mode; hier „die Perspektive des Netzwerks" (6), verstanden
als Fokus „auf das kommunikative Verhalten von Kirchenmitgliedern …, mithin auf soziale Akteure, die miteinander
interagieren", und zwar „auf einer Mesoebene, im Zwischen-

---

10 Max Weber, Die „Objektivität" sozialwissenschaftlicher und sozialpoliti-
scher Erkenntnis, in: Ders., Gesammelte Aufsätze zur Wissenschaftslehre,
hrsg. von Johannes Winckelmann. 7. Aufl. Tübingen 1988, 146–214, hier: 151
und 148.

11 Ebd.

raum von Familie, Freundeskreis, Nachbarschaft einerseits und Großinstitutionen andererseits", was Beziehungen einschließen soll, die „über Distanzen hinweg" und „über mediatisierte Kommunikation" entstehen (6). Ich bin überrascht, dass die Kirchenleitung sich selbst nicht nennt – sieht sie sich unter den ‚Großinstitutionen andererseits' (oder verbirgt sie sich hinter ihnen)? Oder nennt sie sich nicht, weil die genannte obskure ‚Mesoebene' bis eben noch von der Organisation selbst besiedelt worden war? Will diese Organisation einfach endlich wissen, was (in ihr, mit ihr) los ist?

Mich erinnert das an den Versuch von Eltern, das Verhalten ihrer Kinder auf dem Schulweg – dem Zwischenraum von Großinstitution und Zuhause – auszukundschaften. Netzwerktheoretisch ist das – wie eingangs erwähnt – ein Kardinalfehler, weil es bedeuten würde, dass sich die Kirchenleitung außerhalb und jenseits der Beziehungen sieht, aus denen die Kirche *ihrer eigenen Vermutung nach* besteht. (Und es ist auch aus dem protestantischen Bekenntnis heraus ein Kardinalfehler.) Sie schaut „aus der Außenperspektive" (6) auf die Kirche wie auf einen Fremdkörper: wie auf eine zugezogene Familie oder wie auf eine aufsässige Schulklasse, wie auf ein Verkehrsgewimmel oder wie in ein Aquarium. Sie schaut mit dem Interesse eines Patriarchen, zugleich aber mit dem Eigensinn – und mit der Blindheit – eines Touristen. Ich erwarte daher, dass sich die Netzwerkeffekte auf der angesprochenen Ebene des Privat-Nachbarschaftlichen zeigen werden (man sieht ja tatsächlich Leute, Schüler, Autos, Fische) und dass sich die Organisationseffekte auf der Ebene der ‚Großinstitution' bestätigen werden (wie immer sind Leitbilder und Regelwerke, also Programme für Haupt- und Ehrenämter, ebenso strittig wie Handlungs- und Verhaltenserwartungen, also Mitgliedschaftsbedingungen), während der gesuchte Zwischenraum dunkel und leer bleiben dürfte. Ich schreibe einen möglichen Titel dieser kommentierenden Lektüre auf: jenseits der Kinder, jenseits der Küche (überhaupt jenseits der persönlichen Nahwelten), aber diesseits der Karriere. Karriere, so habe ich das andernorts ausgeführt,[12] ist die Vokabel und die Lösung, die formale Organisationen für das Rätsel und das Problem der Individualität haben. Wo Kirche war – wo ja womöglich Kirche nach wie vor *ist* –, da ist nichts mehr als nur Organisation. Und woran fällt mir das auf? Eine Netzwerkperspektive gelingt ihr nicht, weil sie annimmt, es ginge dabei um die Erforschung des Zwischenraums zwischen sich und den Leuten. (Ich erinnere mich, dass Mt 18,20 die Grundform eines jeden Netzwerks präzise auf den Begriff bringt: die kommunikative Ungewissheit über den abwesenden oder anwesenden Dritten einer jeden Beziehung, und sie wird dort als Gewissheit ausgesprochen: *Wo zwei oder drei versammelt sind in meinem Namen, da bin ich mitten unter ihnen.* Soziologisch ist das nicht minder gewiss, und damit habe ich meinen Titel gefunden: wo eine elementare Relation besteht, also wo *zwei versammelt sind*, da entwirft sich diese Relation als Umgebung: *in meinem Namen.* Netzwerktheoretisch kann das als semantische Beinhaltung verstanden werden, als kontingente Sinnform. Diese Umgebung birgt weitere Möglichkeiten der Relationierung, ohne dass diese Möglichkeiten erkannt oder verstanden werden müssen: *da bin ich mitten unter ihnen.*)

Es bleibt noch die Frage zu beantworten, woran die gesuchten Netzwerkeffekte erkannt werden sollen, wenn sie sich zeigen. Der Text bleibt hier ganz konventionell im Sinne

---

12 Maren Lehmann, Mit Individualität rechnen. Karriere als Organisationsproblem. Weilerswist 2011.

alteuropäischer Geselligkeitsmodelle (höfischer und bürger-
licher Art) und beantwortet diese Frage mit dem Hinweis auf
Inhalte, Intensitäten und Gelegenheiten religiöser Kommunikation (vgl. 6). Leider werden alle drei Variablen sogleich
personalisiert und damit in ihrer Erklärungskraft buchstäb-
lich gelöscht: gefragt werden soll dann doch nur, „mit wem"
welche Inhalte in welcher Intensität und in welchem Kontext „kommuniziert werden" (6). Die Autoren halten das für
eine Sozialkapitalanalyse – aber es ist, wenn mir diese böse
Notiz verziehen werden kann, bloß eine Schufa-Auskunft
(vgl. 15 f.). Denn es hat etwas Polizeiliches. Dadurch nämlich
wird unterstellt, dass sich nicht Inhalte, Intensitäten und
Gelegenheiten vernetzen, sondern wieder nur: Mitglieder
und Nichtmitglieder. Und es reduziert – ich muss betonen:
unbegreiflicherweise ausgerechnet in dem Moment, da mit
der Netzwerkanalyse endlich ein Instrument zur Verfügung
steht, das simple Personalisierungen vermeiden kann, und
unter expliziter Berufung auf dieses Instrument – die Kirche
wieder nur auf ihre sichtbare Form, den „selbstbewussten"
Personenverband (7), die organisierte Anstalt, die verfasste
Kirche. Die Netzwerkanalyse aber kann endlich die unsichtbare Kirche erforschen, zum Beispiel eben als Gewebe aus
Inhalten, Intensitäten, Gelegenheiten. Das bleibt angesichts
der Bevorzugung für personalisierte Mitgliedschaftsbegriffe
völlig brach liegen.

Ich verliere die Lust, überspringe deshalb die sich anschließenden knapp einleitenden Zusammenfassungen der Folge-
kapitel, sehe im Fazit den Satz, man habe „nüchtern zu
konstatieren, dass die V. KMU in vielen Hinsichten Abschmel-
zungsprozesse erkennbar werden lässt" (20), bin auch wirklich selbst kurz vor dem Absprung – und steige aus bloßer
protestantischer Disziplin – *Bringen wir das zu Ende!* – dann
doch in diese Kapitel ein.

177

Kirchenmitglieder als religiöse Akteure

Das Titelbild (22) nimmt jetzt die Torten und Teller auf, vor denen ein Mensch den Kopf in die Hände stützt (die Torte lässt er stehen). Der eingangs bemerkte Kristall erweist sich als Zuckerdose, schwer zu erkennen, so *von oben*. Gesprächspartner werden auf einer Pralinenplatte abgelegt, Gesprächsorte in Plastikmilchschälchen verpackt, wovon nur eines – „zu Hause" – offen steht (23). Ich verstehe das als Hinweis auf eine spezifische Verzweiflung aus Überdruss, eine Verzweiflung angesichts so grundloser wie unüberwindlicher Trägheit. Sachlicher Gegenstand des Abschnittes ist aber die soziale Praxis im Sinne einerseits der „religiöse[n] Sozialisation" und andererseits der „Wechselseitigkeit bzw. Interaktivität" „auf einer ‚Zwischenebene' zwischen den Individuen und der Institution" (24). Diese Praxis soll als Form religiöser Kommunikation verstanden werden, was unmittelbar einleuchtet, denn Kommunikation – auch religiöse – ist Praxis, was sonst? Diese Praxis wird im Folgenden als Verständigungsform – „Austausch über ..." (vgl. 25) – aufgefasst und entsprechend an Themen gebunden. (Ich notiere kurz und beiläufig ein allerdings harsches Bedenken wegen dieser Themengebundenheit; denn mir leuchtet nicht ein, weswegen religiöse Kommunikation den nicht Sprachmächtigen verschlossen bleiben sollte. Was, zum Beispiel, ist mit Musik? Was ist mit Ikonographie? Ich erinnere ebenso beiläufig daran, dass in Netzwerken – nicht aber in aktenmäßig arbeitenden Organisationen – Wahrnehmungen und Kommunikationen gleichrangig verknüpft werden können. Es ist religiöse Praxis, einen Psalmgesang zu hören; es ist religiöse Praxis, ein Altarbild zu betrachten; es ist religiöse Praxis, unter – nicht: über – Menschen zu sein.)

Zwar taucht eingangs der Gedanke auf, dass es kein an sich religiöses Thema geben kann, weil erst die Form der Kommunikation über dieses Thema religiös qualifiziert werden könne, doch wird daraus der wenig überzeugende Schluss gezogen, in der Befragung zu religiös schwach determinierten Themen zu greifen: „Es wurde daher nach Natur und nicht etwa nach Schöpfung, nach dem Tod und nicht etwa nach Endlichkeit etc. gefragt" (25). Damit wäscht man die Distinktion aus der Frage, nach der man sucht, und man unterschätzt auch, dass die Frage selbst ein Distinktionsangebot ist, das heißt: man unterschätzt die Befragten. Ich vermute, dass diese Art der Fragetechnik die Privatheit und Intimität des Kommunikationsraums suggeriert – und sei dies nur deshalb, weil eben beispielsweise Fragen nach der Schöpfung oder nach der Vorstellbarkeit des Endlichen *keine* persönlichen Fragen sind und keine persönliche Antwort erfordern, Fragen nach dem Tod oder nach der Natur aber sehr wohl (sie berühren nämlich, um bei Bourdieu zu bleiben, den höchsteigenen Habitus, die ausweglose Körperlichkeit, und sie berühren, um bei Luhmann zu bleiben, die Frage nach den höchsteigenen Symbiosen, der Bedürftigkeit, der Gesundheit, der Sexualität). Wo sonst, wenn nicht im familialen Raum, sollte ich über solche Fragen sprechen (die Studie schlägt weltfremd noch vor: „auf der Arbeit", vgl. 28)? Über theologische Fragen, Bekenntnisfragen, religiöse Themen im überindividuellen Sinne dagegen kann ich öffentlich kommunizieren, nicht zuletzt übrigens auch im Sinne einer Entlastung von einer Selbstthematisierung, die im Privaten unausweichlich ist. Fragen nach dem „Sinn des Lebens" (vgl. 25 ff.) lassen sich mit privaten Mitteln und mit intimem Wortschatz doch schlechterdings nicht besprechen, ohne trivialisiert zu werden. Öffentliche Kommunikation kann überdies ein weit höheres Maß an Konzentration und auch an Kontraintuitivität gewährleisten, wie sie religiösen Fragen nun einmal eignet.

Kurz: das Ergebnis eines Rückzugs der religiösen Kommunikation in den privaten Raum ist ein Konstrukt der Fragetechnik, vielleicht auch ein Ergebnis der darauf abgestimmten amtlichen Kommunikationspraxis – aber kein notwendiges Säkularisat vormals öffentlicher Kirchlichkeit. Offensichtlich gelingt diese Übertragung einer höchstunwahrscheinlichen Kommunikationsform auf den privaten Schauplatz bestenfalls in Bruchstücken („schwer einzuschätzen" sei dieser Befund, lese ich erstaunt, 28), während zugleich die Übertragung des privaten Kommunikationsstils in den öffentlichen kirchlichen Raum ebenfalls höchstens gelegentlich gelingt – und wenn, dann mit prekären Exklusionseffekten mit Blick auf kühlere Naturen. Man zwingt, würde ich meinen, auf diese Weise die Leute eher, im privaten Raum auf Spezialkommunikation umzustellen. Sie werden sich kaum zwingen lassen. Und sei dies nur, weil das Religiöse sogleich konkurrieren wird mit den Storys aus den Firmen, die auch irgendwann erzählt werden müssen und auch schon jeden nerven, mit den Schularbeiten der Kinder, die auch irgendwann gemacht werden müssen und in heftigen Auseinandersetzungen münden können, und schließlich schlicht mit dem Rückzugsbedürfnis aller Beteiligten, das außerhalb des Privaten nirgends gestillt werden kann – und Ruhe soll die religiöse Kommunikation ja nicht stiften, sonst wäre Schlafengehen leistungsfähiger. Im öffentlichen Zusammenhang zwingt diese Intimisierung dazu, auch in religiösen Fragen (Tod, Ungewissheit, Angst, Geschöpflichkeit, Mitleid) an den privaten Malaisen zu kleben. Man zwingt die Kirche in eine kommunikative und personelle Enge „gleichsam unter Wahlverwandten" (30), von der sie doch gerade befreien kann (mal ganz abgesehen davon,

dass dieser private Raum den meisten Erwachsenen überhaupt nicht zur Verfügung steht, weil sie ohne Familie, ohne
Freunde und auch ohne bekannte Nachbarn leben)[13]. An
dieser übertemperierten Enge verlieren viele, wie an ihren
Ehen, alsbald die Lust.

Dieses prekäre Nähe-Argument überträgt sich (es kann
auch gar nicht anders sein, da die Forschungsperspektive
nun einmal die einer personalen Interaktion ist) im Folge-
abschnitt auf die *Images* der Kirche. Neben massenmedial
angebotenen Identifikationsfiguren sind das dann vor allem
die Amtsinhaber; so ergibt sich eine Art Serapionsbruder-
schaft aus Lebenden und Toten (Luther, Jesus, Gauck, Käß-
mann und „unser Pfarrer Peter Müller'", 32). Dieser Befund
liest sich, was die Berücksichtigung der Pfarrerinnen und
Pfarrer angeht, auf den ersten Blick erleichternd. Aber diese
Erleichterung ist hausgemacht, scheint mir, weil sie auf die –
außerhalb der Kirche, in Organisationen von Wirtschaft und
Wissenschaft, auf blankes Unverständnis stoßende und in
der Kirche ja auch heftige Kontroversen auslösende – Dis-
kreditierung des Pfarrberufs im *Leuchtfeuer*-Papier reagiert.
Und diese Erleichterung ist prekär, denn letzten Endes
ergänzt sie die Forderungshaltung seitens der Kirchenleitung, die die *Leuchtfeuer* gekennzeichnet hatte, eine Forderung ohne jegliche korrespondierende Anerkennung (keine
Institution oder Organisation jenseits der Kirche würde
darin jemals derart weit gehen), durch eine Forderungshaltung seitens der Gemeinden, und wieder ohne jegliche korrespondierende Anerkennung. Die Schuldzuweisung ist nämlich in dem Kompliment schon enthalten, und sie entfaltet

---

13 Vgl. dazu klassisch Georg Simmel, Die Großstädte und das Geistesleben, in:
Ders., Aufsätze und Abhandlungen 1901–1908, Bd. I. Gesamtausgabe Bd. 7.
Frankfurt a. M. 1995, 116–131.

ihre ganze Dramatik erst im Kontext der Quasiintimität, die
der vorangegangene Abschnitt beschrieben hat (vgl. ausführlich dann auch 96 ff.). Sie erlaubt Sätze wie: Ich wende
mich von der Kirche ab, weil ich den Pfarrer nie zu Gesicht
kriege (Ich lass' mich scheiden, weil ich dich nie sehe) – oder,
in der inzwischen allseits bekannten mitgliedschaftsprak-
tischen Kurzform: Ich trete aus! So trivial das sich darin
andeutende Interpersonalitätsverständnis anmutet – es beschreibt einen Besitzstand –, so folgenreich ist es. Das Kompliment „unser Pfarrer Müller" ist vergiftet. Diese Passagen
lesend erwarte ich eine Komplizenschaft zwischen Kirchenleitung und Gemeinde, der der Pfarrer und die Pfarrerin
zum Opfer fallen werden: Gelingt das *Wachsen gegen den
Trend* (*Leuchtfeuer*) nicht, hat sich offenbar der Pfarrer / die
Pfarrerin nicht blicken lassen, oder nicht in der erforderli-
chen Wärme, nicht zum verabredeten Zeitpunkt, nicht ohne
Zeitschranke, nicht mit gebotenem Appetit auf staubigen
oder schmierigen Kuchen, nicht in den passenden Kleidern
etc. etc. etc. Alle diese Nörgeleien könnten jetzt zum Ansatzpunkt disziplinarischer Zumutungen werden. Die bereits
erwähnte *Communio fatigatorum* ist der Pfarrkonvent. Dabei hat doch diese Personalisierung, ich wiederhole es, in
einer formalisierten Mitgliedschaft keinen Ort und mit
einer Netzwerkstruktur schlicht nichts zu tun. Die Untersuchung bietet mit kirchlichen Orten (im Sinne von Gebäuden
und Gebieten) und Vollzügen (im Sinne von Gottesdiensten,
Glaubensformen, Gemeinschaften, vgl. 33 f.) auch attraktive
Alternativen, die überdies zu offenbarer religiöser Toleranz
führen – unnötig zu sagen, dass Netzwerkstrukturen sehr
wahrscheinlich die Konfessionsgrenzen ebenso gut zu überbrücken vermögen wie die Grenze zwischen konfessionellen
und konfessionslosen Gruppen (überhaupt gelingt die Ver-
netzung zwischen Gruppen vermutlich besser als die Ver-

netzung zwischen Individuen; das findet sich im Text unter dem Stichwort der „religiösen Vielfalt" dargestellt und wiederholt sich dann nochmals für Menschen mit einer Affinität zu „Geselligkeit", vgl. 36 ff. und 77 ff.).[14]

Es gibt womöglich eine sehr einleuchtende Bewahrung der Pfarrerinnen und Pfarrer vor der doppelten Inanspruchnahme durch Gemeinde und Kirchenleitung: die Gottesdienste (ich greife ein wenig vor auf 52 ff.). Erstens, das kann aus meiner Sicht gar nicht überschätzt werden, unterbrechen sie als religiöse Kommunikation auch deren Verwaltungs- und Erziehungsalltag. Es ist diese Form, für deren Vollzug sie studiert haben und ordiniert worden sind; dort kommen sie – als Theologinnen und Theologen *und* als Christinnen und Christen – zu sich, und dies nicht einsam, sondern *unter Menschen*. Zweitens entlasten Gottesdienste von höchstpersönlicher Interaktion – solange sie die Souveränität und die Professionalität haben, die Liturgie und die Predigt als Entlastung von Quasiintimitäten ernst zu nehmen. Drittens leisten Gottesdienste eine laufende Einübung aller Beteiligten in religiöse Kommunikationen, die im Vier-Augen-Seelsorgegespräch und im Gemeindekreis auch unter stärksten Anstrengungen nicht zu ermöglichen wäre.

Leider aber nimmt auch die vorliegende Mitgliedschaftsuntersuchung den Gottesdienst in all diesen Aspekten nicht ernst genug. Meine Vermutung ist, dass der Grund dafür der aktivistische Modus selbst ist. Der „Gottesdienstbesuch" (52 u.ö.) ist eben gerade keine passive Kommunikationsform, oder anders gesagt: die Aktivität, zu der der Gottesdienst auffordert, ist mit dem Hingehen nicht erledigt oder hat, genau besehen, mit dem Hingehen einfach überhaupt nichts zu

---

14 Vgl. bereits Mark Granovetter, The Strength of Weak Ties, in: American Journal of Sociology 78 / 5, 1973, 1360–1380.

tun. *Besuchen* ist überhaupt eine missliche Metapher dafür, scheint mir. Meine These wäre, dass der Gottesdienst genau jene Schule der Wahrnehmung religiöser Kommunikationsmöglichkeiten ist, auf die es in einer Kirche ankommt, die nicht nur Organisation sein will. Hier trifft jeder auf jeden, selbst dann, wenn nur sehr Wenige da sind, weil das Zusammentreffen hier immer auch ein akustisches und optisches und haptisches Ereignis ist. – All das, namentlich die Studienergebnisse zu Orten und Vollzügen religiöser Praxis, spricht im Übrigen dafür, die Gottesdienste in den Kirchgebäuden stattfinden zu lassen. Der Wahrnehmungsreichtum ist einfach viel größer (auch deshalb könnten Familiengottesdienste beliebt sein, vgl. 56) – und damit auch die Vernetzungswahrscheinlichkeit; nur eben nicht zwingend als Verknüpfung von Leuten mit Leuten (so aber 57), sondern viel wahrscheinlicher als Verknüpfung von Wahrnehmungen mit Wahrnehmungen, Erfahrungen mit Erfahrungen, Ritualen mit Ritualen usw. Mit Bourdieu (dem Theoretiker der sozialen Praxis) sei daran erinnert, dass *nur so* – und nicht, nie, durch eine Mitgliedschaftsentscheidung – ein Habitus entstehen kann, der dann auch ziemlich frustrationsstabil sein wird.

Unter dem Stichwort der „intensiven Mitgliedschaft" (43 ff.) jedenfalls kommt die Studie zwar zu sich selbst. Jetzt wird Praxis wirklich Engagement, was hier mit einem merkwürdig klerikal anmutenden Ausdruck „Hochaktivität" genannt wird (43). Aber die Anforderungen sind nicht hoch; sie sind im Grunde mit lockerem Gemeindeleben bereits erfüllt. Man gehört dazu, wenn man wenigstens einmal im Monat im Gottesdienst gewesen ist, den Pfarrer bzw. die Pfarrerin wenigstens einmal im Jahr getroffen hat, ein Ehrenamt oder eine Aufgabe verlässlich übernommen hat oder im Chor singt. Viel verlangt wird also für diese Hochform der Beteiligung nicht, und vor allem wird keine spezifisch hochreligiöse Kommunikation erwartet. Zur ‚Hochaktivität‘, scheint mir, ist das geworden, was zu Zeiten das Selbstverständliche gewesen war. Für eine insgesamt als belastbar empfundene Verbundenheit mit der Kirche genügt das offenbar auch nach wie vor (vgl. 44 f.) – was nicht wundert, wenn man weiß, dass die in der Kirche sonst womöglich präferierte quasiintime Nähe einerseits und ihr Organisations- und Gestaltungsoptimismus andererseits jedes Verbundenheitsgefühl eher riskieren als stützen. Ich würde daher sagen, dass solche ‚Hochaktivitäten‘ die, die sie auf sich nehmen, vor der Kirche geradezu bewahren. Sie bilden den gesuchten ‚Zwischenraum‘ zwischen Intimität und Organisation. Anders gesagt: Sie schützen die Kirche vor der Kirche. Ein Chor beispielsweise pflegt, das darf nicht unterschätzt werden, mit der Musik eine Kommunikationsform, die hinreichend widerständig gegen bloße Personalisierung ist und deshalb wahrscheinlich sogar eine leistungsstarke Konkurrentin nicht nur sprachlastigerer religiöser Kommunikationsformen ist (sie ist, was ebenfalls angesichts erwarteten Dauergesprächs und -vortrags nicht hoch genug zu schätzen ist, einfach auch hinreichend aufdringlich), sondern den quasiintimen Geselligkeiten ebenso widersteht wie den formalisierten Verwaltungsroutinen. Diese Ordnungsleistung im Sinne einer wahrnehmbaren Strukturierung der Kommunikation müsste jedenfalls religiösen Formen – nicht nur den vielfach im Text genannten Kasualien (denn die personalisieren erneut), sondern dem Gebet, der Liturgie, der Predigt – zwar ebenfalls zuzutrauen und abzuverlangen sein. Da die Studie zusammenfassend feststellt: „es gibt hohe Verbundenheit ohne intensive Praxis, jedoch nicht umgekehrt" (44), würde ich die Ergebnisse aber sogar so interpretieren: Jedes Hineingeraten in den kirchlichen All-

tag ohne spezifische Bindung an einen Chor (oder, mit Ein-
schränkungen, einen Gesprächskreis oder eine Gruppe etc.)
gefährdet die Solidarität mit der Kirche. Gerät man rein, will
man möglichst wieder raus – es sei denn, ein Chor bewahrt
davor. Da öffnet sich ein sehr gut konturiertes Handlungs-
feld für die Kirchenleitungen, würde ich meinen. Und genau
danach sollte die KMU doch suchen.

Prägungen und Haltungen

Das illustrative Schmuckwerk zeigt mir jetzt das schon auf-
gefallene Pärchen; es schaut indifferent (sic!) auf fünf Mobi-
les aus Diagrammen, Spielzeug und sonstigen Gerätschaften
und auf fünf mit Geburtsjahrgängen und Namen beschil-
derte Säuglingskörbchen. Das Kapitel bringt Generationen-
fragen und Milieuprägungen zur Sprache. Von einer Verbundenheit mit der Kirche kann vor allem für die jugendlichen
Erwachsenen offenbar nicht die Rede sein, was auf Soziali-
sationseffekte zurückgeführt wird, aber wiederum mit einer
Suggestion durch das Untersuchungssetting zu tun haben
könnte. Denn die Schematisierung des Untersuchungsfeldes
zwischen Familie und Institution bzw. Organisation verliert
fast zwangsläufig all jene, die in der Familie keinen rechten
Ort mehr und in den Institutionen den ihnen gemäßen Ort
noch nicht gefunden haben (das „Wechselspiel aus Wer-
tewandel und nachlassender religiöser Sozialisation", 66,
könnte daher seitens der Kirche auch begrüßt und genutzt
werden, weil es die unruhigen Jugendlichen zu Suchenden
macht). Sie kommen dann in dem Zwischenraum zwischen
diesen beiden Seiten auch nicht mehr vor; der Schematismus
erfasst sie einfach nicht. Vermutet wird entsprechend „eine
gewisse Polarisierung" (62) der Beteiligungsformen: entwe-

der man ist im Feld, oder man ist nicht im Feld. Im ersten Fall wird man als engagiert rubriziert (mit einer gewissen „steigenden Distanz", 61, und mit dem bereits beschriebenen „kontinuierlichen Verlust sowohl an Verbundenheit zur Kirche als auch an Religiosität", 63). Im zweiten Fall wird man als indifferent rubriziert (indifferent ist jedoch, ich betone das nochmals, der Schematismus, nicht die durch ihn nicht erfassbaren Verhaltensweisen).

Ich teile auch die Einschätzung nicht, dass sich bei den Nichtmitgliedern oder Nichtpraktizierenden (insoweit auch „bei den Kirchenmitgliedern") „der soziale Bedeutungsverlust von Religion ... in Form religiöser Indifferenz in den Köpfen festsetzt" (65). Die Studie entfaltet einen veritablen Sozialisationspessimismus. Aber erstens ist die Formulierung irritierend, denn was haben ,die Köpfe' mit den Praxisformen zu tun? Sind sie hohl, so dass darin überhaupt irgendwas sich so einfach ,festsetzen' kann? Was soll diese infektiöse Sprache? (Ist Luhmann noch bei uns? Bourdieu? Latour?) Zweitens: Wie sollte sich Indifferenz ,festsetzen'? Sie müsste different sein, distinkt, damit das gelingen kann. Wenn sie das ist, dann ist sie keine Indifferenz, sondern eine Differenz – eine ökonomische vielleicht (aber dafür spricht in der fraglichen Generation junger Erwachsener wenig), eine kulturelle vielleicht, eine politische vielleicht. Von all diesen Differenzen kann sich religiöse Kommunikation unterscheiden, indem sie sie als Ansatzpunkt nimmt – wenn auch nicht, mir scheint das jedenfalls ein völlig unpassender Ausdruck zu sein für „Überzeugungsarbeit" (70). Es ist alles viel einfacher, viel entspannter. Auch hier gilt nämlich der netzwerktheoretische Grundsatz; wenn sich z. B. eine politisch bestimmte Relation findet, so kann sie ökonomisch besetzt werden – das klappt regelmäßig sehr gut –, aber sie kann auch religiös besetzt werden – das klappt regelmäßig sehr schlecht, und dies vielleicht nicht zuletzt deshalb, weil sich die Ökonomie nie, die Religion aber immer mit Mitgliedschafts- und Zugehörigkeitsfragen aufhält. Nicht religiöse Kommunikation, sondern kirchliche Organisation ist womöglich mit all ihren Respektabilitätsbedenken und Reflexionsschleifen und nicht zuletzt mit ihrem Ausschließlichkeitsanspruch schlicht zu langsam, um an soziale Relationen gleich welcher Art anknüpfen zu können.

Dass diese Relationen selbst indifferent gegenüber dieser Intervention sein sollten, leuchtet netzwerktheoretisch nicht im Geringsten ein. Sie sind nicht indifferent. Sie sind distinkt, und deshalb sind sie offen – aber sie warten nicht auf die Kirche, und sie machen keine Proselyten. Mitgliedschaft ist in Netzwerken als Überlebensmodus nutzlos – aber das birgt einen Vorteil für mögliche künftige Untersuchungen: Man könnte endlich – *endlich!* – die Opposition von Mitgliedern und Konfessionslosen aufgeben, die vollkommen unfruchtbar ist, wie die Diskussion des Sozialisationsproblems zeigt (vgl. 66 ff. und 80 ff., mit der wirklich in meinen Augen impertinent diskreditierenden Formulierung: „Konfessionslose sind gleichgültige Religionslose", 83). Ich halte mich mit einem Kommentar zu der im Deutschen noch immer sehr verbreiteten Assoziationskette von ‚-losigkeiten' zurück (wert-, nutz-, arbeits-, erwerbs-, konfessions-, religionslos, etc. pp.), weise aber darauf hin, dass es der Raum dieser ‚-losigkeiten' ist, in dem sich – einfach weil Negativität erheblich strukturreicher ist als Positivität – die Netzwerke ausbreiten, nach denen die EKD so händeringend sucht.

Sehr frei könnte ich jetzt sagen, dass sich mit den Variablen Gebäude, Gebiete, Gottesdienste, Glaubensformen und Gemeinschaften fünf Möglichkeiten herausgestellt haben, die in der Kirche als *ties* eines Netzwerks fungieren könnten und sich auch in einen Rahmen einfügen könnten, der durch Geselligkeit einerseits und Gesellschaft andererseits beschrieben ist. Die Kirche – ein Kalkül mit „G", jedenfalls keine Seilschaft ‚hochaktiver Mitglieder' mit ‚Pfarrer Müller'. Aber die Studie fügt noch zwei lange Abschnitte an.

Entwicklungen des evangelischen Profils

Der folgende Abschnitt über das ‚Profil' der Kirche beginnt mit einer Landkartenillustration, die interessanterweise nur Wasserwege zeigt (alle genannten Vervollständigungen des Satzes „Ich bin in der Kirche, weil …" werden als Schiffsrouten dargestellt, vgl. 84 f.). Oder soll auf Schiffbrüche angespielt werden? Mit Zuschauern (die ja bekanntlich auf dem Trockenen sitzen, noch – bis die Klippe abreißt, an deren Rand sie sich um der guten Sicht willen eingerichtet haben)?[15] Tatsächlich ist das Wasser, der Ozean, die Wellen und Ströme, die Netzwerkmetapher schlechthin (von Georg Simmel bis Michel Serres).[16] Das Scheitern der Boote dürfte dann keine unerträgliche Erfahrung sein, und deshalb (denn nichts fasziniert so sehr wie das Unerträgliche) dürfte es auch die Zuschauer am Strand nicht lange fesseln. Ich bin daher irritiert, dass sich das Kapitel zur Profilbildung – gemeint sind offensichtlich Mitgliedschaftsgründe und Leistungserwartungen im Sinne dessen, was „die Kirchenmitgliedschaft [beinhaltet]", also wohl auch im Sinne dessen, was die Mit-

---

15 Hans Blumenberg, Schiffbruch mit Zuschauer. Paradigma einer Daseinsmetapher (1979), Frankfurt a. M. 1997.

16 Georg Simmel, Exkurs über das Problem: Wie ist Gesellschaft möglich?, in: Ders., Soziologie. Untersuchungen über die Formen der Vergesellschaftung (1908), Gesamtausgabe Bd. 11, hrsg. von Otthein Rammstedt. Frankfurt a. M. 1992, 42–61; Michel Serres, Die Nordwest-Passage (Hermes V) (1980). Berlin 1994.

WAHRNEHMUNGEN UND HINTERGRÜNDE

gliedschaft *bringt* (88) – vor allem mit drohenden Kirchen-
austritten beschäftigt (mit „Bindungslogiken", 88, oder genauer: mit kollabierenden Bindungen).

Dabei scheint es sich um ein Faszinosum im Wortsinne zu
handeln: Die Kirchenmitgliedschaft zu untersuchen, heißt
einen Untergang anzustarren. Denn die Ergebnisse deuten
eine Verbundenheit genau so lange an, wie es Leistungserwartungen pastoraler oder diakonischer Art gibt, unter
denen dann auch noch die kirchliche Bestattung (*under-
taking*) dominiert (vgl. 89 f.), weil sie – ich sagte bereits
mehrfach, dass genau das ein Netzwerkeffekt ist – engagierte und indifferente Mitglieder bzw. sogar Mitglieder und
Konfessionslose verbindet (vgl. zur Diakonie 93 ff.). Im Wasser sind alle gleich. Während aber die ‚Engagierten' (vgl. ausführlich auch 121 ff.) wie Robinson-Verwandte die kirchlichen
Bestände an Land zu bringen versuchen und sich dabei zwar
ein ums andere Mal nass machen und sehr gut schwimmen
lernen, das Wasser aber doch als feindliches Medium sehen,
kokettieren die Indifferenten damit und neigen dazu, über
Bord zu springen (vgl. 90 f.). Im Wasser verlieren sie sich
dann, und sie finden – ich bleibe kurzerhand bei diesem Bild
– nicht zuletzt deshalb nicht zurück, weil die Engagierten die
Reste des Schiffes ja an Land transferiert haben, so dass im
Wasser kein Anhaltspunkt mehr zu erkennen ist. Vielleicht
wäre es nicht die schlechteste Idee, sich zu fragen, mit welch
geringem Aufwand an Baumaterial und Besatzung ein Floß,
ein Boot, ein Schiff bereits zu schwimmen vermag – und also
auch auf hoher See, quasi *von unten*, zu finden sein wird. Ich
betone: mit welch *geringem* Aufwand, also mit welch *geringem* Rang – denn die bereits erwähnten *Leuchtfeuer*, die ja
die Meeresmetapher zu recht ebenfalls anstrengen, gehen
von einer Bewahrbarkeit nur des *größten* Schiffs und des
höchsten Rangs aus.

Da liegt es nahe, die Robinson-Rolle den Hauptamtlichen zu überlassen, die erst bis zuletzt auf dem sinkenden
Schiff bleiben und dann bis zur Erschöpfung (*Communio
fatigatorum*) nach seinen Resten tauchen sollen, um sich
schließlich mit einem versprengten Eingeborenen und aller-
hand Zeug an Land einzurichten. Zugleich aber sollen sie
hinausschwimmen, um den dort treibenden Indifferenten
„face-to-face" zu begegnen (96). Verfehlen sich die Beteiligten, stellen jene in erstaunlicher Prägnanz (die ganz und
gar nicht indifferent ist) eine „erhebliche Distanz zur Institution" fest (97). Was sonst, frage ich mich, wenn sie immer
weiter abtreiben? Vor allem aber frage ich mich – und die
Herausgeber der KMU –, ob dieser Effekt nicht insbesondere bei den Hauptamtlichen selbst eintreten wird. Als Kirchenmitglieder kommen die kirchlichen Hauptamtlichen in
der Studie nämlich überhaupt nicht in Betracht. Vielleicht
liegt hier – neben der netzwerktheoretischen Unbedarft-
heit – auch ein organisationspraktischer Kardinalfehler der
Studie: Sie nimmt die Kirchenmitgliedschaft ihres Personals nicht ernst, sondern entlastet sich von allen an ‚die Kirche' adressierten Erwartungen durch Weiterverweis dieser
Erwartungen an ‚das Kirchenpersonal'. Sie baut sich, um bei
Blumenbergs Warnung zu bleiben, am Strandgeländer auf
und ruft *von oben* nach dem schwimmenden Robinson, nach
dem zugleich *von unten* ein im Wasser treibender Mensch
ruft.

Protestantische Potentiale in der Zivilgesellschaft

Die Studie endet, zumindest den Illustrationen nach, in
einem Kleinbürgerparadies: Rasenmäher, Giftspritze, Gieß-
kanne, Obstleiter, Busch und Baum – und tätige Menschen

mittendrin; ein Picknickplatz ist verwaist. Hier geht es voran!, sagt das Bild, und tatsächlich eröffnet das Kapitel mit einigen Bemerkungen zum „religiösen Sozialkapital", verstanden als „Motor des gesellschaftlichen Engagements" (108). Die technische Metaphorik irritiert mich, weil sie zu den Formen des Religiösen so gar nicht passt – ist denn das ‚protestantische Potential' so etwas wie ein Hubraum oder eine Drehzahl? Schon wieder steht die Studie am Rand von etwas und beobachtet *von oben*; diesmal umstellt sie ein Auto mit offener Motorklappe – gemeint ist die Zivilgesellschaft, die im weitesten Sinne die politische und die kulturelle Vereinslandschaft umfassen soll –, schaut hinein und denkt über die Fahrtüchtigkeit im offenen Verkehr nach, von der sie annimmt, dass sie eine Funktion der Motorleistung sei – für die eben die Evangelische Kirche einzustehen hat. Aber warum sollten religiöse Kommunikationsformen oder warum sollte kirchliche Praxis in diesem engen, ja geradezu trivialen Sinne gesellschaftlich funktional sein? (Ich kann mich des Gedankens nicht erwehren, dass das 20. Jahrhundert noch nicht vergangen zu sein scheint, in dem es aus unterschiedlichsten Richtungen die unterschiedlichsten Funktionserwartungen – Mitmachen. Dazugehören. Gesellschaftlich engagiert sein. – an die Kirche gab.) Sprechen denn nicht die Vertrauensverluste der Institution beiderseits ihrer Grenzen (bei Mitgliedern wie Nichtmitgliedern) gerade dafür, dass dieses Mitmachen in den immer gleichen oder ähnlichen öffentlichen Ordnungsformen – eben den ‚Großinstitutionen' (s.o.) der Kirche nicht verziehen wird? Ich habe den Eindruck, dass die Konzeption der Studie als Rahmung eines kirchlichen Feldes zwischen Engagement und Indifferenz nun im Schlusskapitel unvermeidlich von der Beobachtung der Mitglieder auf die Beobachtung der Institution übertragen wird. Auch von ihr wird nun Engagement erwartet, auch ihr wird Indifferenz nun nicht verziehen – oder genauer: sie selbst erwartet Engagement von sich, sie selbst verzeiht sich Indifferenz nicht. Interessanterweise gibt sie sich selbst sehr viel mehr Kredit als ihren Mitgliedern und (unter diesen) ihrem Personal. Ihre Sozialkapitalbilanz schaut „mit etwas Pathos" blendend aus (115). Das heißt, soziologisch gelesen, nichts anderes, als dass der *Top-down-Observer* für sich selbst blind ist und aus dieser Blindheit schließt, dass die Welt *oben* in Ordnung ist: „die Lebenszufriedenheit der evangelischen Kirchenmitglieder ist verhältnismäßig hoch" (117). Ich möchte ergänzen: verhältnismäßig hoch im Vergleich mit derjenigen des kirchlichen Personals, verhältnismäßig gering im Vergleich mit derjenigen der Kirchenleitung.

Die Studie schließt mit einigen resignierten, ja depressiven Bemerkungen zu „Handlungsherausforderungen" (128 ff.). Da ist von „kontinuierlicher Schwächung" die Rede, von der „Grundeinsicht einer ausbleibenden Trendwende" und davon, dass „auch herausragende Einzelaktivitäten, -personen und -ereignisse … die Grundtendenzen einer Zeit nicht umkehren [können]" (128). Wie Dämonen hindern „Demografie, Säkularisierung und Deinstitutionalisierung" jede Zuversicht (128 f.). Ich denke an Luthers lakonischen Vers über die *Welt voll Teufel* und frage mich, warum unter unseren doch vergleichsweise komfortablen Umständen eine solche Frustration und Lustlosigkeit um sich greifen kann. Ich frage mich, wieso es unter Theologen im Besonderen und unter Christen im Allgemeinen notwendig werden kann, eigens „nüchtern wahr[zu]nehmen, dass privates und öffentliches Christentum von Voraussetzungen lebt, die es selbst nicht garantieren oder herstellen kann" (129). Ich bleibe ratlos zurück.

Aber gerade deswegen schließe ich die Lektüre mit der Erinnerung an einen einfachen, prägnanten Rat.

„Seid unverzagt; denn keiner von euch wird umkommen, nur das Schiff." (Apg 27,22)

Autorinnen und Autoren

Peter Burkowski, Jg. 1958, ist Geschäftsführer der Führungs-akademie für Kirche und Diakonie in Berlin. Weitere Informationen unter www.fa-kd.de.
E-Mail: peter.burkowski@fa.kd.de

Dr. *Lars Charbonnier*, Jg. 1977, ist theologischer Dozent an der Führungsakademie für Kirche und Diakonie in Berlin. Weitere Informationen unter www.fa-kd.de.
E-Mail: lars.charbonnier@fa-kd.de

Dr. *Ralph Charbonnier*, Jg. 1962, ist ehemaliger Superinten-dent im Ev.-luth. Kirchenkreis Burgdorf und seit Juni 2015 als Oberkirchenrat Referent für sozial- und gesellschaftspo-litische Fragen der EKD. Weitere Informationen unter www.kirchenkreis-burgdorf.de.
E-Mail: ralph.charbonnier@ekd.de

Dr. *Thies Gundlach*, Jg. 1956, ist theologischer Vizepräsident des Kirchenamtes der EKD und Leiter der Hauptabteilung II „Kirchliche Handlungsfelder und Bildung". Weitere Informationen unter www.ekd.de.
E-Mail: thies.gundlach@ekd.de

Prof. Dr. *Hanns-Stephan Haas*, Jg. 1958, ist Vorstandsvorsitzen-der der Evangelischen Stiftung Alsterdorf in Hamburg. Weitere Informationen unter www.alsterdorf.de.
E-Mail: h.haas@alsterdorf.de

Prof. Dr. *Eberhard Hauschildt*, Jg. 1958, ist Professor für Praktische Theologie (Seelsorge, Diakonie und Gemeindeaufbau) an der Evangelisch-Theologischen Fakultät der Rheinischen Friedrich-Wilhelms-Universität Bonn. Weitere Informationen unter www.ev-theol.uni-bonn.de.
E-Mail: ehauschildt@uni-bonn.de

Dr. *Volker Jung*, Jg. 1960, ist Kirchenpräsident der Evangelischen Kirche Hessen Nassau. Weitere Informationen unter www.ekhn.de.
E-Mail: kirchenpraesident@ekhn.de

Prof. Dr. *Maren Lehmann*, Jg. 1966, hält den Lehrstuhl für Soziologische Theorie, mit einem Arbeitsschwerpunkt in der Theorie von Organisationen und Netzwerken, im Fachbereich Kulturwissenschaften der Zeppelin Universität in Friedrichshafen am Bodensee. Weitere Informationen unter www.zu.de / lehmann.
E-Mail: maren.lehmann@zu.de

Annette *Muhr-Nelson*, Jg. 1958, ist Leiterin des Amtes für Mission, Ökumene und kirchliche Weltverantwortung der Ev. Kirche von Westfalen und ehem. Superintendentin im Ev. Kirchenkreis Unna (EKvW). Weitere Informationen unter www.evangelisch-in-westfalen.de.
E-Mail: A.Muhr-Nelson@kk-ekvw.de

Albrecht *Nollau*, Jg. 1962, ist Superintendent im Ev.-Luth. Kirchenbezirk Dresden-Nord. Weitere Informationen unter www.kirche-dresden.de.
E-Mail: suptur.dresden_nord@evlks.de

Prof. Dr. *Gerhard Wegner*, Jg. 1953, ist Direktor des Sozialwissenschaftlichen Instituts der EKD in Hannover. Weitere Informationen unter www.ekd.de / si.
E-Mail: gerhard.wegner@si-ekd.de